Anecdotario Político V
Historias de Campaña

Anecdotario político v

Historias de Campaña

Augusto Hernández, compilador

Aureola del Sol Castillo, prólogo

Primera Edición: 2026

Cuidado editorial: Galaxia Literaria/Jorge Díaz Barajas.

Proyecto gráfico e impresión:
Galaxia Literaria, servicios editoriales.
hola@galaxialiteraria.com
www.galaxialiteraria.com

Guadalajara, Jalisco. México.
Tel. 33 14822765

ISBN 979-8-90196-122-3

Esta obra se terminó de imprimir en mayo de 2026.
Impreso y hecho en México.
Printed and made in Mexico.

HISTORIAS DE CAMPAÑA

ANECDOTARIO POLÍTICO

AUGUSTO HERNÁNDEZ
Compilador

AUREOLA DEL SOL CASTILLO
Prólogo

ÍNDICE

AGRADECIMIENTOS

Primero que nada, gracias a ti.

Sí, a ti que llegaste hasta este libro, que lo tienes en tus manos o en tu pantalla, y que decidiste detenerte un momento para leer las historias de quienes viven la comunicación política desde dentro. Gracias por confiar, una vez más, en que estas páginas pueden aportar algo a tu formación profesional, pero también a tu mirada humana sobre una industria que suele hablar mucho de resultados y muy poco de lo que esos resultados cuestan.

Porque este volumen no solo recopila anécdotas.

Recoge experiencia.

Recoge método.

Recoge cicatrices.

Recoge oficio.

Queremos aprovechar estas líneas para agradecer, en nombre de todas y todos quienes participan en esta obra, a las personas que han creído en este proyecto editorial y en la necesidad de dejar memoria escrita de lo que ocurre en la consultoría política digital de nuestro tiempo.

A nuestro expresidente **Augusto Hernández**, por seguir empujando esta iniciativa con convicción, visión y terquedad de la buena. Porque sostener un proyecto editorial colectivo dentro de una industria que vive entre la prisa, la coyuntura y la urgencia no es sencillo. Gracias por insistir en que AICODI no solo forme, conecte y represente, sino también documente. Porque una asociación que no deja memoria escrita de su experiencia corre el riesgo de repetirlo todo, incluso lo que ya dolió.

A **AICODI**, a sus integrantes, a quienes escriben en este volumen y a quienes, aunque no firman estas páginas, forman parte del ecosistema que lo hace posible. Gracias por seguir demostrando que la consultoría política digital en Iberoamérica no es una moda, ni una ocurrencia, ni un oficio improvisado: es una disciplina viva, exigente, cambiante, profundamente profesional y cada vez más necesaria.

A las y los coautores y coautoras de este volumen —**Miguel Domínguez, Adán Figueroa, Betsy Arreola, Jorge Sánchez Xicohténcatl, Alexis Vladimir Castillo Medel, Martha Hernández, David García, Ángela Ramírez, Boris Dedoff** y **Giovanni Berroa**— gracias por compartir no solo sus aciertos, sino también sus tensiones, sus hallazgos, sus contradicciones y sus aprendizajes. Gracias por escribir desde la experiencia y no desde la pose. Cada texto aquí reunido confirma que la consultoría no se construye solo con teoría, sino con decisiones, errores, intuición, criterio, noches largas y una capacidad constante de adaptación.

Un agradecimiento especial a nuestra presidenta **Aureola del Sol**, por aceptar construir el prólogo de este volumen y por hacerlo desde un lugar que entiende la profesión, pero también a quienes la ejercen. Su voz aporta perspectiva, contexto y una sensibilidad que ayuda a leer estas historias no como episodios aislados, sino como parte de una búsqueda mayor: la de cómo volver a conectar la comunicación política con las personas.

Queremos agradecer también de manera especial a las mujeres que forman parte de este volumen y, a través de él, de esta industria. A **Betsy Arreola, Martha Hernández, Ángela Ramírez** y **Aureola del Sol**, por recordarnos con sus textos y trayectorias que la consultoría política contemporánea no puede seguir narrándose como si fuera un espacio exclusivamente masculino. Sus aportaciones no están aquí para "equilibrar" una lista ni para cubrir una cuota simbólica: están porque piensan, construyen, interpretan, cuestionan y elevan la conversación. Porque la consultoría política en América Latina también se está escribiendo con voz de mujer, con mirada estratégica, con rigor técnico y con una conciencia crítica que enriquece y ensancha esta profesión.

Gracias a nuestras familias, amistades, parejas, hijas, hijos, madres, padres, hermanas, hermanos y equipos de trabajo. A quienes entienden —o intentan entender— por qué a veces una videollamada de madrugada cambia el ánimo del día, por qué una campaña se mete en la mesa, en el sueño, en la agenda y en el cuerpo. Gracias por acompañar esta vocación intensa, absorbente y muchas veces incomprendida, y por ser el espacio al que siempre vale la pena volver.

Gracias también a quienes, directa o indirectamente, son parte de las historias aquí contadas: candidatas, candidatos, clientes, equipos, adversarios, aliados, jefas, jefes, operadores, periodistas, militancias, audiencias, instituciones y territorios. A quienes abrieron la puerta, a quienes la cerraron, a quienes cumplieron y a quienes obligaron a aprender. Todas y todos forman parte del relato más amplio de esta profesión.

Y nuevamente, gracias a ti.

A ti que lees.

A ti, que subrayas.

A ti, que quizá te reconoces en alguna de estas páginas.

A ti, que quieres entender la política desde el otro lado del escenario: no desde el discurso, sino desde la estrategia; no desde la foto final, sino desde el proceso que la hizo posible.

Gracias por seguir apostando por la experiencia compartida.

En tiempos de velocidad, desinformación y ruido, leer con atención también es una forma de resistencia.

INTRODUCCIÓN

Hay libros que intentan explicar la política.

Y hay otros, los menos frecuentes, que se atreven a mostrar cómo se vive.

Anecdotario Político AICODI. Volumen V pertenece a esa segunda categoría.

Este no es un libro construido desde la distancia cómoda del análisis retrospectivo, ni desde la vanidad del consultor que solo cuenta sus victorias. Es un volumen escrito desde el cuarto de guerra, desde el error corregido a tiempo, desde la intuición validada con datos, desde la frustración de lo que no sale, desde la presión del entorno y desde esa convicción —a veces serena, a veces obstinada— de que comunicar mejor sigue siendo una forma de intervenir en la realidad.

Si el volumen anterior dejó al lector frente al desgaste, la memoria profesional y el precio íntimo de competir, este quinto libro se mueve con una energía distinta: aquí la consultoría aparece como campo de reinvención permanente. Ya no solo como batalla, sino como laboratorio. Ya no solo como relato de campaña, sino como oficio que se transforma mientras el mundo cambia. Aquí conviven la inteligencia artificial y la fotografía de campaña, las elecciones judiciales y la crisis de credibilidad, el teatro como metáfora de la estrategia, el análisis electoral internacional, el liderazgo de las mujeres, la arquitectura tóxica de ciertos sistemas políticos y la construcción de aliados digitales como una nueva forma de territorio.

Estas páginas no compiten entre sí.

Dialogan, se complementan, se amalgaman.

Miguel Domínguez abre el volumen con una historia que parece salida de una novela política contemporánea: una elección en el norte de México leída desde la ciencia de datos, la inteligencia artificial y la capacidad de traducir denuncias digitales en acción territorial concreta. Su texto no solo cuenta una campaña; demuestra que el dato sirve de poco si no se convierte en criterio, y que la tecnología bien usada no reemplaza la intuición estratégica, sino que la afina. Entre *bots*, mapas de calor, percepción ciudadana, guerra sucia y un episodio memorable de "tailandeses" operando en una elección mexicana, su relato deja una lección precisa: cuando el gobierno escucha y resuelve, la conversación cambia de tono.

Con **Adán Figueroa**, la política digital se convierte en teatro. Y la comparación no es decorativa: es exacta. Su texto construye una de las metáforas más eficaces de este volumen al mostrar al estratega como director, tramoyista, actor, guionista y bombero al mismo tiempo. Desde sus inicios en San Lázaro, pasando por Ecatepec, el Estado de México y la creación de su propia agencia, su relato es también una historia de profesionalización de la comunicación digital en México. Pero lo más valioso es que no romantiza el escenario: muestra la complejidad del backstage, la dificultad de construir equipos, la frustración de los clientes que no confían y la enorme satisfacción de encontrar campañas y liderazgos con los que sí se puede hablar el mismo idioma.

Después llega **Betsy Arreola**, y con ella una advertencia que parece obvia, pero que demasiados equipos siguen ignorando: la fotografía política no es un accesorio, es estrategia. Su texto pone en el centro una de las áreas más visibles y, paradójicamente, más subestimadas de la comunicación política. Betsy escribe desde la práctica, desde el campo, desde el ojo entrenado para detectar cuándo una imagen conecta y cuándo arruina una narrativa. Su aportación no solo reivindica la fotografía como herramienta de poder; también recuerda que en política no basta con verse bien, hay que proyectar correctamente. Y al hacerlo, incorpora una mirada especialmente valiosa en este volumen: la de una mujer que no observa la consultoría desde la orilla, sino desde la experiencia, la técnica y la autoridad profesional.

Con **Jorge Sánchez Xicohténcatl**, el lector entra a un terreno nuevo y fascinante: una campaña electoral judicial digital, sin estructura, sin territorio previo, pero con estrategia. Su relato demuestra que incluso en elecciones inéditas, con reglas poco exploradas y con candidatos prácticamente desconocidos, la narrativa, el diagnóstico y la disciplina digital pueden construir un territorio político que antes no existía. Su texto recuerda que el territorio ya no es solamente geografía física: también puede ser comunidad digital, confianza proyectada y conexión estratégica bien ejecutada.

Alexis Vladimir Castillo Medel aporta una historia de juventud, presión y validación. Su texto arranca como una crónica de caos profesional: *deadlines* rotos, reuniones tensas, jerarquías mal explicadas, malos modos, fuego ajeno que termina convirtiéndose en problema propio. Pero lo que realmente construye es una defensa lúcida de algo que esta industria sigue necesitando aprender: la edad no define la capacidad. Su relato tiene nervio, humor, incomodidad y una lección que vale oro en consultoría: cuando el entorno duda de ti, el trabajo bien hecho sigue siendo el argumento más contundente.

Con **Martha Hernández**, el volumen cambia de ritmo y entra en una conversación de alta densidad política sobre las elecciones de mitad del mandato en Estados Unidos. Su texto tiene un tono analítico, conversacional y anticipatorio, casi como si el lector se sentara en esa mesa a escuchar cómo se arma una lectura electoral a partir de contexto, datos, historia, desaprobación económica, inflación, voto latino y comportamiento del electorado. Martha logra algo difícil: convertir la conversación política compleja en una narrativa accesible sin quitarle profundidad. Y al hacerlo, incorpora otra presencia femenina indispensable en este libro: la de una consultora que no solo participa en la conversación, sino que la conduce con criterio.

David García entra con uno de los textos más conceptuales y, al mismo tiempo, más perturbadoramente efectivos del volumen. Lo suyo no es solo contar una campaña, sino mostrar cómo una idea simple, creíble y emocionalmente operable puede modificar conductas sin necesidad de existir del todo. Su historia sobre el "2x1" y la movilización electoral funciona como una pieza sobre percepción, psicología social y comportamiento político. En su relato, la estrategia se parece menos a un gran discurso y más a una llave pequeña que abre una puerta decisiva: la de hacer que la gente pase de la simpatía a la acción.

Con **Ángela Ramírez**, el volumen adquiere una profundidad política y ética indispensable. Su texto sobre los desafíos del liderazgo político de las mujeres no es un apéndice temático ni una reflexión lateral: es una intervención central. Ángela escribe desde el activismo, la consultoría y la experiencia concreta de exclusión en campaña. Nombra con claridad las técnicas de dominación que siguen operando sobre las mujeres en la política —invisibilización, ridiculización, retención de información, doble castigo— y articula una reflexión que va más allá de la paridad formal. Su aporte recuerda que no basta con llegar; también importan las condiciones en que se llega, se participa y se ejerce el poder. En un libro como este, su voz no solo es necesaria: es estructural.

Boris Dedoff aporta uno de los relatos más duros del volumen. Su historia sobre listas desbloqueadas, canibalismo interno, paranoia electoral y manipulación dentro de una misma fuerza política muestra una dimensión brutal de la competencia: la de los sistemas diseñados no para construir unidad, sino para destruirla. Su texto es una anatomía del ego partidario, de la traición disfrazada de estrategia y de cómo ciertos entornos políticos terminan devorando a quienes deberían fortalecer. Es, quizás, una de las piezas más oscuras del libro, y precisamente por eso una de las más valiosas.

Finalmente, **Giovanni Berroa** cierra el volumen con una pieza útil, directa y profundamente contemporánea sobre aliados digitales, construcción de credibilidad y profesionalización del equipo en redes. Su texto funciona casi como una cartografía del ecosistema que rodea hoy a cualquier candidatura: partido, familia, liderazgos gremiales, medios, otros aspirantes, ciudadanía activa y equipo digital profesional. Giovanni no escribe desde la teoría abstracta, sino desde una lógica de operación clara: si no se entiende quién sostiene, amplifica o debilita la imagen digital de una candidatura, entonces no se está compitiendo en serio. Su texto cierra el libro recordando algo fundamental: la política digital no se trata solo de publicar, sino de sostener confianza en el tiempo.

Y en el centro de todo esto está también la presencia de las mujeres que dan forma a este volumen. No solo porque varias de sus autoras escriben algunos de los textos más sólidos del libro, sino porque su participación permite leer la consultoría política digital desde un ángulo más amplio, más justo y más real. **Aureola del Sol**, **Betsy Arreola**, **Martha Hernández** y **Ángela Ramírez** no están aquí como representación simbólica, sino como parte decisiva de la conversación profesional que define esta industria. Sus aportes dejan ver algo que AICODI tiene la responsabilidad de seguir afirmando: la consultoría política del presente y del futuro también se piensa, se diseña y se lidera con voz de mujer.

Este volumen mantiene la línea de los anteriores, pero desplaza el foco.

Si en otros anecdotarios encontrábamos operación, creatividad, crisis, victorias y derrotas, aquí aparece con mayor fuerza una idea complementaria: la consultoría política digital ya no puede explicarse solo desde la campaña. Hay que entenderla también desde la tecnología, desde la percepción, desde la imagen, desde la estructura interna de poder, desde la ética, desde el género y desde la profesionalización de un oficio que sigue creciendo al mismo tiempo que se vuelve más exigente.

Por eso este no es solo un anecdotario.

Es una bitácora de transformación profesional.

Un espejo de la industria.

Un registro del presente.

Una advertencia sobre lo que viene.

Como regularmente dice Augusto Hernández —mejor conocido como el señor de las canas—, quien busque fórmulas mágicas, no existen, no las encontrará aquí.

Quien busque experiencia convertida en criterio, sí.

Porque al final, detrás de cada campaña digital bien ejecutada hay algo más que pauta, métricas o creatividad. Hay equipo, intuición, conflicto, cansancio, lectura del contexto, confianza, corrección de errores y decisiones tomadas muchas veces bajo presión.

Este libro se atreve a contarlo, y en esa honestidad radica su valor más profundo.

PRÓLOGO

Aureola del Sol Castillo

Hay algo profundamente humano detrás de cada estrategia digital que vemos en una campaña o en un gobierno. Detrás de cada mensaje, de cada contenido, de cada decisión, hay historias. Historias de aciertos, de dudas, de errores, de aprendizajes y, sobre todo, de adaptación constante; aquí convergen esas historias de consultoras y consultores.

Los anecdotarios 4 y 5 de la **Asociación Internacional de Consultoras y Consultores Políticos Digitales** (**AICODI**) no solo recopilan experiencias: son el reflejo de una generación de profesionales de la consultoría que están diseñando la comunicación política en un momento desafiante, en el que lo digital ya no es novedad, pero sí es exigencia, y en el que muchas personas creen saberlo hacer solo por tener acceso a las plataformas digitales; en el que la tecnología avanza a una velocidad que nos obliga a cuestionarlo todo; y en el que **la inteligencia artificial no solo transforma herramientas, sino también la manera en la que entendemos a las audiencias.**

Hoy enfrentamos sociedades más informadas, pero también más escépticas, más conectadas, pero menos confiadas. Hay un evidente hartazgo, una distancia creciente entre la ciudadanía y la política, y **una demanda clara: autenticidad, resultados y cercanía real.**

En este contexto, quienes formamos parte de esta industria hemos tenido que reinventarnos. Aprender a leer nuevas conversaciones, entender otros consumos, adaptarnos a narrativas que cambian todos los días y, sobre todo, **sostener el propósito de comunicar con responsabilidad en medio de la inmediatez.**

Aunque también hay algo que pocas veces se cuenta cuando hablamos de estrategia, resultados o campañas: las historias de vida detrás de cada consultora y consultor, porque sí, aquí no solo se diseñan narrativas, también se viven procesos intensos, de meses, a veces años, lejos de casa, de la familia, de los afectos y de los propios países.

Hay maletas que nunca terminan de desempacarse, husos horarios que se confunden y videollamadas a deshoras para no perderse un momento importante. Todo por estar ahí, presentes, sosteniendo cada etapa de un proceso político que no espera.

En estos anecdotarios también están esas historias invisibles, esas que no salen en los reportes ni en los posteos, pero que son parte fundamental del engranaje que hace posible una campaña o un proyecto de gobierno. Son las desveladas, las decisiones bajo presión, los días buenos y los no tanto.

Son las risas en medio del caos, los cafés y, ¿por qué no? El vinito, el tequila o el mezcal, que salvan jornadas y esos momentos en los que una estrategia no solo se piensa, sino que se siente, porque sí, **en esta profesión también se deja un pedacito de vida en cada proyecto.**

Es aquí donde **me permito hablarles a ustedes, mis amix, como les digo con cariño**, pero también con un profundo respeto por la labor que hacen. Porque sé lo que implica estar en esta batalla, en cada lucha, en cada mesa, en cada discusión, en cada cuarto de guerra y en cada rol que nos toca desempeñar.

Sé lo que cuesta, lo que se sacrifica y también lo que se gana. Y sí, a veces dan ganas de llorar (y otras tantas sí lloramos, no nos hagamos), pero también **hay una enorme satisfacción en saber que estamos siendo parte de algo más grande.** Este espacio también es para reconocerles, abrazarles a la distancia y decirles: gracias por cada historia, por cada batalla y por cada logro. Porque sin ustedes, nada de esto sería posible.

Las historias que se comparten en estos volúmenes son testimonio de todo ello. Aquí encontraremos relatos de decisiones complejas, de momentos de crisis, de estrategias que parecían imposibles y de caminos que se construyeron sobre la marcha. Pero **también encontraremos algo aún más valioso: la convicción de que, incluso en un entorno desafiante, es posible generar impacto, conectar con las personas y cumplir objetivos.**

Este anecdotario no ofrece recetas, ofrece experiencia y, en tiempos como los que vivimos, la experiencia compartida es una de las herramientas más poderosas para seguir avanzando.

Como presidenta de AICODI, pero también como consultora política digital que ha tenido la oportunidad de trabajar y aprender en distintos países de América Latina y del mundo hispanohablante, **creo profundamente en la importancia de abrir estos espacios, de compartir lo que hacemos, pero también cómo lo hacemos.**

Al final, la pregunta que debemos hacernos no es solo cómo comunicar mejor en la era digital o en la era de la inteligencia artificial.

La pregunta es: ¿cómo logramos, desde la comunicación política, volver a conectar con la gente?

Estos anecdotarios son, sin duda, parte de esa búsqueda.

"UNA ELECCIÓN PARA RECORDAR, TAILANDIA NO ES MÉXICO"

Miguel Domínguez

Cuando colgamos la llamada, una sensación eléctrica y pesada se apoderó del ambiente en la oficina. Era esa mezcla exacta que deja percibir cada uno de los ingredientes de nuestra fórmula profesional: miedo, ansiedad, una alegría tremenda, emoción desbordada y la certeza absoluta de que esto que apenas comenzaba sería terreno fértil en el cual se cosecharían grandes frutos. Sin embargo, en ese momento de adrenalina pura, no alcancé a imaginar que esos frutos albergarían, al mismo tiempo, las mieles más amargas y las más dulces de nuestro arranque en este país.

Esta es la historia de la primera elección de **Reputación Digital** en México; una experiencia que, más allá de los números, se convirtió en una cátedra de supervivencia y estrategia en el terreno. Aunque para la firma representaba el inicio de una nueva etapa en territorio nacional, el camino no era nuevo. Yo ya acumulaba doce años de experiencia electoral recorriendo campañas entre México y España, diseñando estrategias en cuartos de guerra y aprendiendo tanto de las victorias embriagadoras como de las derrotas más crudas. Pero esta batalla en particular sería distinta. No solo por ser la "primera" de la empresa en el país, sino porque implicaba el reto de implementar un método disruptivo: un sistema basado en datos extraídos mediante inteligencia artificial y procesados por un equipo humano de alto rendimiento. Estábamos diseñados para demostrar que la ciencia de datos podía competir —y ganar— en uno de los terrenos más complejos de la política mexicana: la comunicación política y la estrategia electoral.

El "Mariachi" y el mapa del desierto

Todo comenzó en el último trimestre de 2023. Sebastián, había agendado una reunión con el alcalde de **Villanorte**, mi tocayo, mejor conocido en la región como **"El Mariachi"**. Al principio, navegábamos en la incertidumbre total; honestamente, no sabíamos nada de él. En nuestra mente, la única referencia de una "Villa Norte" era la de las canciones de Rigo Tovar. Aun así, movidos por el instinto, decidimos emprender el viaje para escuchar de primera mano cuáles eran las peticiones para las que habíamos sido llamados.

Al llegar, nos encontramos con un personaje fascinante, un líder nato en toda la extensión de la palabra: amable, servicial, un tanto distraído por la abrumadora carga de trabajo, pero con un ímpetu arrollador. Era un hombre con el acelerador a fondo, profundamente preocupado por las múltiples batallas que enfrentaba en su día a día. Detectamos distintas facetas: como político astuto, como alcalde agobiado por la burocracia, como militante leal, pero también como un padre y ciudadano que sentía el peso de su responsabilidad. Encontramos a un alcalde que amaba su comunidad con una intensidad poco común, alguien que se sentía genuinamente orgulloso de sus raíces y que intentaba ayudar por todos los medios posibles ante un panorama municipal que, siendo realistas, no era nada alentador.

El contexto político era un campo de minas. Aunque nos encontrábamos en un estado del norte que históricamente ha sido gobernado por un solo partido y este municipio se consideraba un bastión inexpugnable, la realidad interna dictaba lo contrario. La gestión atravesaba retos monumentales en materia de gobernanza y, sobre todo, en comunicación gubernamental. Para nosotros, la comunicación no es simplemente "difundir boletines"; es un proceso vivo de escuchar y hablar, de entender las demandas sociales para actuar en consecuencia. Y ese puente estaba roto.

A esto se sumaba la sombra gigante de la agenda nacional. El inquilino de Palacio Nacional en aquel entonces tenía una misión clara: posicionar a su movimiento como el único redentor del país, asfixiando a cualquier oposición. No era solo un ataque discursivo; era una operación estratégica de estrangulamiento financiero hacia los gobiernos locales que no se alinearan con el régimen. En Villanorte, las figuras locales de Morena empezaban a cobrar una fuerza inusitada, impulsadas por los "superdelegados del bienestar" que bajaban recursos federales masivos para pavimentar el camino de sus propios aspirantes.

Llegamos a un municipio con carencias tecnológicas evidentes. El departamento de comunicación era un grupo de personas haciendo lo que podían con lo que tenían, sumidos en una profunda frustración. *"Hacemos muchas cosas, hay logros, pero nadie los reconoce"*, nos decían. Había obras que la gente ni siquiera sabía que existían y quejas que llegaban al escritorio del alcalde cuando el incendio ya era incontrolable. Había zonas donde el equipo municipal no podía ni acercarse porque los apedreaban; y en el terreno electoral, la situación era aún más violenta: ahí, simplemente, los descuartizaban políticamente.

De la escucha a la interpretación, y de ahí a la estrategia

Entender el problema era solo el primer paso. En el mundo de la consultoría política digital, muchos cometen el error de creer que tener una herramienta de monitoreo es tener la solución. Nada más alejado de la realidad. En Reputación Digital siempre decimos que la inteligencia no está en el dato, sino en lo que haces con él. Por eso, nuestra primera gran acción fue implementar lo que llamamos el "Estudio Cero".

Sabíamos que la ruta no podía basarse en la intuición de un café o en las sensaciones del equipo de comunicación. En política, cuando eres gobierno, administras restricciones presupuestarias y legales, pero cuando buscas la reelección, lo que realmente administras son percepciones. Y las percepciones en Villanorte estaban por los suelos. El análisis arrojó un diagnóstico crudo y doloroso: el 68 % de los comentarios hacia "El Mariachi" eran negativos y el discurso de odio superaba el 25 %. La población no solo estaba enojada; el análisis semántico revelaba una mezcla tóxica de ira, ansiedad y una profunda tristeza.

Teníamos el reto de mantener el 43.1 % de la votación anterior (unos 19,890 votos) en un escenario donde el desgaste de marca era brutal. Además, nuestros sistemas detectaron algo alarmante: granjas de *bots* nacionales operando de manera coordinada para ridiculizar cada paso del alcalde. Para el cliente, estos números eran una sentencia de muerte política; para nosotros, eran la brújula técnica necesaria para diseñar una estrategia de rescate. No podíamos pelear contra la realidad, teníamos que reinterpretarla para transformarla.

Georreferenciar el sentimiento: Cuando el mapa se vuelve acción

Nuestra tecnología no se limita a observar; su propósito es diseccionar la realidad. Para lograrlo, implementamos un sistema de clasificación avanzada que nos permitió dividir la conversación digital en cuatro categorías fundamentales: seguidores leales, aprobadores silenciosos, desaprobadores activos y detractores radicales. Pero en Reputación Digital no nos conformamos con saber "qué" decía la gente o "cuántos" lo decían; necesitábamos una dimensión que la consultoría política tradicional suele ignorar: el "dónde".

Instruimos a nuestra inteligencia artificial para que rastreara denuncias específicas ocultas entre el ruido ensordecedor de las redes sociales. No buscábamos solo la mención política, buscábamos la necesidad humana. Analizamos miles de mensajes, prestando atención incluso a aquellos cargados de errores ortográficos, lenguaje coloquial o modismos propios de la región para identificar problemas de gestión reales que estaban pasando desapercibidos para el equipo del alcalde.

El resultado fue, literalmente, un mapa de guerra social. El sistema empezó a arrojar datos que el equipo del alcalde, atrapado en su propia inercia burocrática, simplemente no veía. Mapeamos, con precisión de GPS, zonas críticas donde la violencia de género estaba escalando; identificamos ejidos específicos donde la falta de patrullaje no era una percepción, sino una constante denunciada por los vecinos; localizamos luminarias fundidas que convertían calles enteras en bocas de lobo. Incluso logramos detectar "zonas de tolerancia" informales y focos de infección de dengue en colonias donde el municipio ni siquiera sospechaba que había un problema.

Este mapa no era una visualización para adornar una oficina; se convirtió en nuestra hoja de ruta estratégica. Cada punto rojo en la pantalla se traducía en una "acción de gobierno" inmediata. Instruimos al equipo de "El Mariachi" para que la respuesta fuera quirúrgica. Si un ciudadano se quejaba en Facebook de un bache o una falta de luz en su cuadra, nosotros lo geolocalizábamos y, en menos de 48 horas, una cuadrilla llegaba al lugar.

Esa fue la clave de la transferencia emocional: cuando el vecino veía que su mensaje digital se materializaba en una solución física en su calle, el sentimiento negativo hacia el alcalde empezaba a mutar. Pasamos de la desconfianza a la sorpresa, y de la sorpresa a la aprobación. Estábamos utilizando la inteligencia artificial no para manipular, sino para hacer que el gobierno fuera eficiente donde más le dolía a la gente. Tradujimos miles de denuncias en miles de soluciones, construyendo un relato de “el alcalde que sí resuelve” sobre la base sólida de la gestión territorial.

La guerra de los clones: Detectando el ruido en la Laguna

Sin embargo, mientras nosotros trabajábamos en las calles, en el ecosistema digital la guerra estaba lejos de ser limpia. Conforme avanzaba el proceso, detectamos que casi el 50 % de la conversación que atacaba ferozmente a nuestro candidato era completamente artificial. Estábamos frente a un ataque de *netcenters* profesionales que habían evolucionado. Ya no eran los *bots* rústicos de hace años que solo repetían consignas sin sentido; ahora utilizaban perfiles sofisticados que simulaban ser humanos reales, vecinos de la Laguna que hablaban del clima, de los partidos de los Algodoneros o de recetas locales, solo para ganar antigüedad y “calentar” las cuentas antes de soltar el veneno político.

Gracias a nuestros fierros propios, logramos rastrear el origen de estos ataques. El descubrimiento fue revelador: el 85 % de las cuentas que impulsaban las noticias falsas y las burlas contra Villanorte operaban desde nodos ubicados en Chilpancingo, Guerrero. No eran ciudadanos de Coahuila enojados; eran mercenarios digitales a sueldo.

Esta información nos dio una ventaja táctica invaluable. No solo “limpiamos” nuestras métricas para que el alcalde tomara decisiones basadas en lo que decía la gente de verdad, sino que convertimos ese ataque en una narrativa de defensa. Empezamos a educar al electorado, mostrándoles cómo los ataques venían de fuera. Logramos que el ciudadano común, al ver un comentario destructivo, desarrollara un sentido de pertenencia y pensara: *“Ah, seguramente es otro bot de esos de Guerrero que no saben ni dónde estamos, atacando al Mariachi”*. El ruido del enemigo, que pretendía hundirnos, se convirtió en el escudo que unió a la comunidad en torno a su alcalde frente a la agresión externa.

Medicina de su propio chocolate: El incidente tailandés

Hubo un día en particular que recordaré por siempre en esta elección; un evento que definiría el temple de nuestro equipo y la capacidad de reacción ante la guerra sucia: el insólito ataque masivo de tailandeses en el norte de México. Ya acercándonos al compromiso electoral definitivo, a finales de mayo, una página de Facebook llamada "Villanorte Hoy" comenzó a acaparar la atención digital. Con 23 mil seguidores, este sitio se encargaba de traer a nuestro cliente como "lazo de cochino" —expresión coloquial mexicana que significa criticar, insultar o hablar muy mal de una persona—, publicando notas y contenido amarillista diseñado para generar sensación y malestar en la localidad.

Esta página opositora lanzó una encuesta que, aunque carecía de validez oficial, en el calor de la batalla se convirtió en una cuestión de honor y percepción ciudadana. La dinámica era simple: reaccionar con un "like", "corazón" o "me divierte" según el candidato de preferencia. La encuesta se anunció un domingo; las votaciones abrirían el jueves y el cierre sería el domingo próximo a las 10:00 pm.

Cuando el "Mariachi" me llamó, su voz destilaba una urgencia casi desesperada: *"Mike, tenemos que ganar esa encuesta a como dé lugar"*. En política, "a como dé lugar" es una instrucción de guerra, siempre bajo los márgenes de la ley, pero con la orden implícita de no aceptar la derrota. Reuní a los equipos mío y el del municipio. Vando, el director de comunicación, me aseguró que contábamos con 400 personas reales, habitantes con domicilio en el pueblo listos para votar. Le advertí que era insuficiente; necesitábamos caballería de municipios cercanos que también se veían afectados por las decisiones en Villanorte.

Logramos reunir a 580 personas, nuestro ejército electoral orgánico.

El jueves se abrió la votación. Mi estrategia era de contención: no soltar todos los votos de golpe, minimizar nuestra presencia los primeros días y avasallar el domingo. Para el viernes, "Flor Guinda" nos triplicaba los votos. El sábado temprano, el jefe me llamó ansioso: *"¿La vamos a ganar?"*. Le respondí con una frase que él no entendió en ese momento: *"La vamos a ganar aunque tengamos que perder"*.

El sábado por la noche, Vando, desesperado, soltó a nuestra gente antes de tiempo, logrando cerrar el día con 995 votos para "El Mariachi" frente a 778 de la opositora. El alcalde estaba eufórico, pero la alegría duró poco. El domingo a las 9:00 am, nuestro sistema detectó que la maquinaria enemiga de *Netcenters* había entrado en acción. Para el mediodía, nos habían hecho polvo: Flor Guinda tenía 1,485 votos y nosotros apenas superábamos el millar.

Ahí fue cuando el alcalde volvió a llamarme, fuera de sí. Me gritó, me cuestionó y me dijo que mi "Ferrari" se estaba quedando sin gasolina; me pegó directo en el ego. Intentamos conseguir votos de compañeros en otras localidades, pero era imposible alcanzar el número de forma orgánica. Fue entonces cuando ocurrió una espontaneidad en mis pensamientos: la única manera de ganar era con su propia medicina.

Fue en ese momento de crisis cuando decidí que, si ellos jugaban sucio, nosotros jugaríamos de forma inteligente. No iba a comprar *bots* para nosotros; eso hubiera sido caer en su juego y arriesgar nuestra credibilidad. En lugar de eso, decidí aplicarles su propia medicina, pero con un giro irónico. Me puse manos a la obra. Accedí a esos mercados digitales que ofrecen interacciones de bajísima calidad. Hice uso de los *bots* de peor calidad que encontré en el mercado, los más evidentes: perfiles con nombres en caracteres asiáticos, fotos genéricas y ubicaciones en Tailandia, Vietnam y Camboya. Pero no se los puse al Mariachi. Se los inyecté a "Flor Guinda". ¿Se imaginan a *Shun Li*, *Lin Hu* o *Lee Wan* votando y defendiendo apasionadamente en los comentarios a Flor Guinda en un pueblo del norte de México?

Para las 9:45 pm, los resultados eran catastróficos en apariencia: Flor Guinda tenía 3,200 votos y el Mariachi 1,800. El alcalde me llamó por teléfono, fúrico, creyendo que me había equivocado de "botón" y le estaba regalando los votos a ella. Me citó a todos mis familiares, vivos y fallecidos, en una lengua que parecía arameo; estaba como la niña del exorcista. Yo le pedí quince minutos para ver los resultados.

En ese tiempo, posicionamos una narrativa demoledora: **"Flor Guinda y sus *bots* tailandeses"**. Evidenciamos con capturas de pantalla irrefutables del panel de votación cómo su "victoria aplastante" provenía de personas que no existen en nuestra realidad regional. Mostramos cómo sus votos crecían gracias a perfiles de Bangkok que difícilmente sabrían situar a Villanorte en un mapa.

La narrativa cambió en segundos. La victoria de ella se convirtió en la prueba fehaciente de su trampa. La opinión pública se sostuvo a nuestro favor no por el voto en sí, sino por la indignación de ser engañados con *bots* asiáticos. Ella quedó como la tramposa que intentó simular un apoyo que no tenía, y nosotros como los sinceros, los reales, los asociados a la verdad de Villanorte. "El Mariachi" pasó de los gritos a las risas y me ofreció disculpas por la llamada. Fue así como, con sus propios remedios, provocamos la enfermedad que terminó por infectar la credibilidad de nuestra contrincante.

Chamba mata pauta: El triunfo de la gestión sobre el chisme

Ya muy cerca de la jornada electoral, contábamos con la tranquilidad de haber construido, aceitado y reaceitado una maquinaria territorial robusta. Esta red no era un frío esquema de movilización partidista, sino una estructura viva basada en líderes natos: personas con voz propia y reconocimiento real entre sus vecinos, figuras que el sistema de IA nos ayudó a detectar fuera de los radares tradicionales de los partidos. Ellos fueron los encargados de llevar el mensaje casa por casa, logrando completar una transferencia emocional sin precedentes: transformamos la ira y la ansiedad inicial en una aprobación sólida y una esperanza tangible.

El éxito no fue producto de la suerte, sino de una gestión quirúrgica basada en datos. Gracias a la implementación de los mapas de calor y la georreferenciación del sentimiento, logramos lo que muchos consideraban una utopía administrativa: bajar drásticamente los índices de percepción de inseguridad. Al identificar con precisión de GPS las zonas donde la violencia de género y los delitos comunes estaban escalando, el municipio pudo desplegar patrullajes inteligentes y programas de prevención comunitaria que atacaron el problema en su origen. No enviábamos patrullas a ciegas; las enviábamos a los puntos donde el dato nos decía que la chispa de la violencia estaba por encenderse.

Pero si hubo un cambio que el ciudadano sintió en el corazón de su cotidianidad, fue el control total sobre los servicios públicos básicos, especialmente el agua. Antes de nuestra llegada, las fugas de agua eran el cáncer de la administración: reportes que pasaban semanas —incluso meses— en el olvido mientras el vital líquido se desperdiciaba y las calles se deterioraban frente a los ojos de vecinos indignados. Usando el sistema propio para rastrear cada queja digital, por mínima que fuera, logramos una hazaña logística: cubrimos la totalidad de las fugas históricas del municipio. Limpiamos el rezago por completo. Pero no nos detuvimos ahí; implementamos un sistema de respuesta tan agresivo que hoy día, cualquier fuga nueva se identifica, se procesa y se arregla en un plazo no mayor a 24 horas. Pasamos de un gobierno que ignoraba a uno que resolvía antes de que el ciudadano tuviera tiempo de molestarse.

El municipio se iluminó en su totalidad, literalmente. Cada punto rojo de nuestro mapa que indicaba una luminaria fundida o una calle a oscuras fue atendido en tiempo récord. Esto no solo fue estética urbana; fue seguridad. Al iluminar los ejidos y las colonias más apartadas, les devolvimos la vida nocturna a las familias y la tranquilidad a quienes regresaban tarde del trabajo.

Este despliegue de eficiencia absoluta tuvo una traducción inmediata en el mapa electoral. Llegó el día. Arrasamos en las secciones distritales que estratégicamente necesitábamos ganar para asegurar el control político y la gobernabilidad a largo plazo. La identificación de esos líderes sociales silenciosos —ciudadanos con influencia real pero alejados de la política rancia— se convirtió en nuestro activo más valioso. Como consecuencia directa, la militancia del partido se engrosó y se fortaleció; gente que antes estaba apática, cínica o decepcionada decidió sumarse voluntariamente a un proyecto que demostraba con hechos que la tecnología puede estar al servicio de la gente.

El protagonismo político del alcalde subió como la espuma, rompiendo los límites de Villanorte. En las mesas regionales y en las reuniones estatales, "El Mariachi" dejó de ser un alcalde más para convertirse en el referente indiscutible de la nueva gobernanza. Su liderazgo, respaldado por una aprobación digital y física abrumadora, opacó por completo a otros alcaldes de la región, posicionándolo como una figura política de primer nivel estatal, un modelo a seguir de cómo se debe gobernar con inteligencia artificial y cercanía humana simultáneamente.

El resultado final fue una victoria histórica y contundente: ganamos con **32 mil votos**. Logramos una diferencia de **más de 12 mil votos respecto a la elección anterior**, alcanzando el 51 % de los votos totales en un escenario de alta competencia. Aseguramos que casi la totalidad del cabildo fuera compuesto por aliados, garantizando que el proyecto de transformación no tuviera frenos burocráticos.

Hoy en día, el trabajo en **reputación digital** es una guardia de 24 horas que no conoce el descanso. Seguimos analizando comportamientos hora tras hora, día tras día, minuto a minuto. Nuestra metodología nos permite observar las tendencias, las variaciones de humor social y las conversaciones en tiempo real, identificando pequeñas chispas antes de que se conviertan en incendios incontrolables. Porque en la política moderna y en la gestión de crisis gubernamental, es muy bueno tener a los mejores bomberos y el equipo más moderno, pero es infinitamente mejor, más estratégico y más rentable trabajar para que no haya incendios. Esa es la verdadera inteligencia de datos aplicada al poder: el triunfo del dato sustentado en la acción diaria. Demostramos que cuando el dato se traduce en gestión eficiente, el chisme y la guerra sucia no tienen oportunidad de germinar. Fue, sin duda alguna, una elección para recordar.

DETRÁS DEL TELÓN DIGITAL

Adán Figueroa

La vida de un estratega digital muchas veces parece una obra de teatro y nosotros somos parte de este complejo mundo, teniendo que asumir diferentes roles; algunas veces somos directores, escritores, otras tramoyistas, iluminadores, escenógrafos, músicos, bailarines, actores, pero justamente como en el teatro, la pasión nos motiva para llevar la función hasta el final.

Esa llamada del cliente a las siete de la mañana es el equivalente a la tercera llamada, listos para iniciar la función: el momento exacto en que el silencio del teatro se rompe y la maquinaria debe ponerse en marcha sin margen de error. En el escenario digital, los algoritmos son nuestro público más exigente y caprichoso; a veces nos aplauden con una viralidad inesperada y otras nos lanzan tomates invisibles en forma de métricas en rojo. Como estrategas, aprendemos que no basta con tener un buen guion (la estrategia); hay que saber improvisar cuando el "iluminador" falla —ese servidor que se cae o ese enlace que no carga— para que el espectador, al otro lado de la pantalla, siga disfrutando de la magia sin sospechar el pánico que reina en los camerinos.

Cada campaña cerrada es una función terminada, pero en este oficio nunca hay una última función definitiva. Una vez que el telón baja y los datos terminan de procesarse, apenas tenemos tiempo para un brindis rápido antes de anunciar el siguiente libreto. Nos quitamos el maquillaje de la urgencia, guardamos los accesorios de la creatividad y nos preparamos para el próximo montaje, sabiendo que mañana el escenario será distinto, el público tendrá otros intereses, pero nuestra entrega será la misma: un espectáculo diseñado para conectar, emocionar y, sobre todo, para que la función digital nunca se detenga.

Primer acto: Conociendo la política (y el debut del escenario digital)

Qué complejo es ese momento en el que suena la primera llamada de la vida adulta y tienes que elegir qué papel vas a interpretar el resto de tus días. Para mí, el guion estaba escrito desde muy temprano: la política era mi escenario natural. Entrar en la planeación de la obra, ver cómo se movían los hilos antes de que subiera el telón, me resultaba simplemente fascinante.

Mi debut no fue como protagonista, sino como parte del equipo de apoyo en el imponente escenario de **San Lázaro**. Una amiga me invitó a formar parte de la producción; me tocaba una tarea humilde: entregar los programas de mano en la entrada del teatro. Pero para mí, cada programa entregado era un pase de acceso al *backstage*. Sabía que, de la mano de **D** (como llamaremos a mi jefa de entonces), era solo cuestión de tiempo para que pudiera unirme a la compañía de manera formal y dejar de ser un simple espectador en las sombras.

La creación de un pequeño periódico fue mi audición para las grandes ligas. Poco a poco me hice presente en los ensayos, puliendo mis habilidades y entendiendo la rítmica de la comunicación institucional; sin embargo, el verdadero giro de la trama ocurrió cuando conocí a las personas que cambiarían mi libreto personal. Fue ese *plot twist* que me hizo cambiar de teatro, dejando atrás la solemnidad de San Lázaro para unirme a las funciones más intensas y vibrantes de **Ecatepec**.

El personaje principal de esta nueva obra era el **señor E**, quien ya fungía como presidente municipal. Fue ahí, entre las bambalinas del poder local, donde pude observar a los verdaderos artistas: aquellos que lograban terminar cada función con el público de pie y la plaza llena. Pronto comprendí que cada pieza de la producción, desde el que movía la escenografía hasta el que escribía los diálogos, tenía un papel vital. Y yo no tardé en encontrar mi lugar bajo los reflectores.

Con apenas 20 años, me tocó presenciar el nacimiento de un nuevo género teatral: las entonces llamadas "nuevas tecnologías". Mientras los directores de la vieja escuela se aferraban a los telones de papel y a los altavoces de plaza, yo descubrí algo que para mí era un lenguaje natural y que marcaría el destino de mi carrera.

Las redes sociales empezaban a cobrar fuerza y éramos muy pocos los que nos atrevíamos a meter el pie en ese escenario inexplorado. **Facebook** y el entonces **Twitter** eran los nuevos personajes principales que reclamaban su lugar en el elenco. Muchos "escritores" y estrategas veteranos se negaban a incluirlos en sus obras, viéndolos como un simple truco de magia barato o una moda pasajera. Afortunadamente, un par de visionarios tuvieron la lucidez de notar que el teatro estaba cambiando para siempre. Ellos confiaron en mi juventud para encomendarme una misión crítica: dirigir la narrativa digital del municipio y de su alcalde. Así, sin red de protección y ante un público digital que apenas empezaba a despertar, comenzó mi verdadera función.

Fuimos un diferenciador que llevó a que el señor E tuviera la posibilidad de aspirar a un nuevo personaje, uno con el que muchos sueñan: llegar a la gubernatura de uno de los estados más importantes del país. Fue un proyecto ambicioso que me permitió dar un brinco más en mi carrera profesional, una gira que nos llevaría a recorrer 125 escenarios; tuvimos presencia en medios, transmisiones en internet, carteles, eventos sin el actor principal, todo para lograr el objetivo que nos habíamos trazado.

El resultado: obtuvimos una participación histórica en las urnas, la gente confió en el proyecto, se venía una residencia en uno de los escenarios más importantes... El Estado de México.

Segundo acto: Transformando la comunicación (Creación de la Dirección de Comunicación)

Corría el año 2011 y las puertas de un escenario colosal se abrieron ante mis ojos. Sin embargo, no era un teatro ya terminado; era una estructura en obra negra. En medio de ese recinto enorme lleno de otros escenarios ya establecidos, el que me correspondía a mí apenas estaba levantando sus primeros andamios. El panorama era, por decir lo menos, dramático: no podíamos iniciar funciones porque no teníamos utilería, luces ni libreto. Teníamos historias que contar, pero nos faltaban los actores, los tramoyistas y los músicos que les dieran vida.

El primer gran reto fue el *casting*. Necesitaba encontrar a quienes me ayudaran a darle forma a esta obra inédita. Tuve la fortuna de reclutar a tres personas clave; así, siendo apenas cuatro en la compañía, iniciamos una producción que para muchos no tenía ni pies ni cabeza. Pero esa carencia era nuestra mayor libertad: al ser un género nuevo, podíamos crear efectos visuales y narrativas que nadie había imaginado. El desafío era mayúsculo porque el gremio era escéptico; para la mayoría de los "directores" de antaño, las redes sociales eran solo un pasatiempo de moda, una obra de teatro callejero sin mayor relevancia que nadie se tomaba en serio.

Afortunadamente, el **señor E** nos brindó su respaldo. En aquellas reuniones de gabinete, donde se concentraban todas las producciones del gobierno, él alzó la voz y puso las cartas sobre la mesa: "Tenemos esta nueva obra y necesita el respaldo de cada uno de ustedes. Esto no es un ensayo, es el futuro, y de la mano de este joven director haremos la diferencia".

Me encantaría decir que ese espaldarazo fue suficiente para que el telón subiera sin problemas, pero la realidad del *backstage* fue otra. Fue una labor de entrega absoluta, de pasar horas en audiciones con enlaces de otras áreas, buscando "actores" dispuestos a sudar la camiseta en el escenario digital. Necesitábamos gente que compartiera esa pasión visceral por las redes y que entendiera que el rol que nos tocaba interpretar estaba cambiando irrevocablemente la forma de comunicar y de hacer presencia ante el público.

Fueron jornadas arduas, de sol a sol, terminando de construir nuestros propios escenarios mientras la función ya estaba en marcha. Pronto nos dimos cuenta de que nuestra obra había crecido tanto que ya no cabía en un solo teatro; nuestras funciones ahora abarcaban a todo el Estado. Teníamos que coordinar la actuación del gobernador, las dependencias y los secretarios en una gira permanente. Pasamos a tener funciones los siete días de la semana, en horarios que desafiaban cualquier sindicato de actores.

Evidentemente, esto lo teníamos que hacer oficial y, trabajando de la mano de mi equipo, que ya había alcanzado el número considerable de 8 y que con el paso de los años llegaríamos a ser 12, desarrollamos el proyecto "Dirección de Comunicación Digital", nunca antes visto en la administración pública y con decreto en la Gaceta Oficial. Se creó esta área en la que originalmente nadie confiaba y que ahora estaba cobrando la importancia que tenía.

Tuvimos funciones muy exitosas, como cuando vientos que dieron con fuerza en el Estado nos llevaron a tener la publicación con más alcance orgánico en una audiencia en su mayoría de niños y jóvenes, o la respuesta inmediata que tuvimos que dar ante una lamentable explosión en uno de los municipios del Estado, la cual cobró muchas vidas y las personas buscaban con urgencia a sus familiares. Hacer un sitio web en cuestión de horas sin duda fue un reto que asumimos con total compromiso.

Nuestro mayor éxito sin duda fueron las funciones de los informes en donde se veía a la producción robustecida, todos los actores asumiendo sus roles, presentes, dándolo todo durante la presentación. Fuimos disruptivos, creamos formatos que nunca nadie había hecho para un informe de gobierno, fuimos tendencia y nos volvimos referencia para muchos estados y gobernadores a lo largo de toda la República Mexicana. La forma en la que comunicamos fue un ejemplo que muchos quisieron replicar: dependencias, secretarios y el gobernador haciendo un informe y respondiendo a los ciudadanos en tiempo real. Eso hizo la diferencia y que fuéramos reconocidos por el gran trabajo que presentamos.

No todo fue miel sobre hojuelas; también experimentamos con muchas presentaciones que fueron un fracaso, como cuando nos equivocamos y convertimos a un deportista de Jalisco en mexiquense, o cuando publicamos una corbata, pero de todo aprendimos, crecimos y encontramos oportunidades para hacer lo que más nos gustaba: comunicar de manera diferente, evolucionando y siendo disruptivos.

Las redes sociales cambian de manera permanente; algunas desaparecieron, otras nuevas llegaron y nosotros teníamos que adaptarnos a la misma velocidad, comunicar en 140 caracteres, usar imágenes, gifs, videos, fotografías... Todo esto fue un reto que enfrentamos y sacamos adelante; la comunicación digital ya era importante en todos lados y para todas las figuras políticas.

Una residencia de 6 años pudiera sonar larga, pero para nosotros se fue como un suspiro. Sentamos las bases en el gobierno de lo que era la nueva forma de comunicar; el tiempo se nos agotaba y pensar en nuevos escenarios era sencillamente el paso siguiente. Es en este momento en el que surge en mí una nueva inspiración, algo que nos hiciera volar aún más lejos... iStrategy.

Siempre estaré agradecido por estos 6 años de crecimiento, de aprendizaje y de tantas oportunidades; siempre seré mexiquense por adopción.

Tercer acto: Los sueños se vuelven realidad (Nace iStrategy)

iStrategy no nació de la comodidad, sino de una inquietud artística que me quemaba por dentro: el deseo de crear mis propias obras y pisar escenarios que nunca antes habíamos explorado. Me di cuenta de que la técnica que habíamos perfeccionado en el sector público podía ser igual de exitosa en otros terrenos. Así, con la convicción de quien sabe que tiene una buena historia que contar, decidí formar mi propia compañía, mi propia agencia.

Poco antes de que bajara el telón de nuestras presentaciones en el Estado de México, comencé a bosquejar este sueño. No lo hice solo; lo hice de la mano de aquellos con quienes empecé esta aventura en 2011. Esas "dos manos" que no me soltaron en los momentos de incertidumbre y que decidieron saltar al vacío conmigo para iniciar una nueva temporada de vida. Queríamos formar una compañía que nos permitiera presentarnos en foros distintos, fuera de la zona de confort. Nunca estaré lo suficientemente agradecido con ellos porque, tal como en su momento lo hizo el **señor E**, ellos confiaron en mi visión y se arriesgaron a seguir adelante. Hoy, casi 15 años después, seguimos compartiendo el escenario y trabajando por este mismo sueño.

Levantar este proyecto fue un reto innegable. Significaba volver a salir a buscar a personas que confiaran en mí, en mi trabajo, en mi equipo y en la originalidad de nuestras ideas. Afortunadamente, esta vez no empezaba de cero desde las sombras del *backstage*; a lo largo de mi carrera había tenido la oportunidad de conocer a personas brillantes que me siguieron abriendo las puertas y presentándome a nuevos actores clave en la industria.

Sin embargo, los retos de ser una productora independiente son muy distintos. Tuvimos que cambiarnos de sede, lo que implicaba montar un teatro desde sus cimientos. Necesitábamos hacer un nuevo *casting*, encontrar nuevos escenógrafos que entendieran nuestra estética, tramoyistas que aguantaran el ritmo y técnicos de iluminación que hicieran brillar cada propuesta. Necesitábamos de todo: desde los focos hasta los propios escenarios donde nos íbamos a presentar.

Poco a poco, la compañía volvió a tomar fuerza y a crecer. Empezamos a tener obras con temporadas larguísimas que se volvieron clásicos de nuestra agencia, mientras que otras fueron funciones únicas, intensas pero breves. Esa es la verdadera magia de las grandes producciones: podíamos pasar de un teatro experimental y arriesgado a uno mucho más profesional y estructurado. Empezamos a montar funciones de todos los colores y géneros, descubriendo que nuestro talento iba mucho más allá de la temática política que nos vio nacer.

Aun cuando nuestro fuerte sigue siendo las obras políticas, descubrimos el género de las empresas privadas. Fue una ventana para explotar otros lados de nuestra creatividad, pero también un reto mayúsculo. En este circuito, el mercado es de una alta competitividad y la confianza es un recurso mucho más escaso que con los políticos. Enfrentarte a otras agencias en *pitchs* —que son como audiciones a muerte donde solo uno se queda con el papel— fue algo nuevo y desafiante.

Uno de nuestros mayores logros en este género fue entrar a las grandes ligas con **Pepsico**. Defender nuestra propuesta ante un gigante de ese tamaño fue como presentarse en Broadway por primera vez: una mezcla de nervios y adrenalina pura, pero con la seguridad de que nuestro equipo estaba listo para cualquier ovación. Fue la prueba definitiva de que iStrategy no solo sabía actuar, sino que podía dirigir la función en cualquier escenario que se le pusiera enfrente.

Como ya mencioné, las redes sociales no son decorados estáticos; son organismos vivos, escenarios que cambian de forma mientras los estamos pisando. Estos ecosistemas presentan retos constantes, donde la evolución de las tecnologías de información y el cambio radical en las audiencias nos han obligado a una nueva y necesaria metamorfosis. Ya no basta con salir a escena; ahora hay que transformar el teatro mismo.

Este oficio es un aprendizaje continuo. Nos exige escribir guiones mucho más cercanos, más creativos y, sobre todo, dirigidos a una audiencia que está acostumbrada a consumir historias de manera inmediata, casi frenética. Hoy, lo visual es el lenguaje dominante. Los actores —nuestras marcas y personajes— tienen que realizar representaciones aún más convincentes y auténticas, especialmente en una sociedad donde los personajes políticos suelen ser rechazados por el simple rol que representan en la obra. Sabemos que son protagonistas indispensables para la trama social, pero para el público sus papeles se han vuelto repetitivos y generan poca confianza. Revertir ese abucheo inicial y convertirlo en una ovación es el nuevo gran reto para todos aquellos que nos dedicamos a producir estas obras.

Llega entonces el momento de reescribir, de reinterpretar y de hacer uso de las herramientas de vanguardia que tenemos a la mano. Todo esto con un solo objetivo en mente: asegurar una temporada exitosa donde nuestro trabajo no solo cumpla, sino que sea reconocido por su calidad artística y estratégica.

El desafío es todavía mayor porque la competencia ha crecido de manera exponencial. Hoy hay tantas compañías montando sus propias obras que ofrecer un diferenciador se ha vuelto nuestra obsesión. Antes, hacer comunicación digital era ese "plus" o el truco de magia que sorprendía a todos; ahora, para destacar, tenemos que ser disruptivos. Estamos obligados a presentar obras con efectos especiales de última generación, como la **inteligencia artificial**, apoyados en actuaciones magistrales e historias con una narrativa tan poderosa que sean dignas de un Tony.

Nuestra compañía se volvió itinerante y nuestra gira se extendió por toda la República. Nos hemos puesto el sombrero y montado el escenario en plazas como Tampico, Monterrey, Querétaro, Ciudad de México, Guerrero, Estado de México, Quintana Roo, Baja California Sur, San Luis Potosí, Hidalgo, Yucatán y Oaxaca. Pero nuestra ambición no se detuvo en las fronteras; cruzamos el horizonte para llevar nuestras funciones al extranjero, dirigiendo campañas internacionales en Ecuador y Colombia. Cada país y cada estado ha sido un teatro distinto, con un público único que nos ha obligado a ajustar el tono y el ritmo de nuestra actuación.

Los retos son muchos, pero tras casi 15 años en el mercado, tenemos una certeza absoluta: las mejores obras, aquellas que trascienden y se quedan en la memoria del público, son las que logran sumar una gran historia, un escenario impecable, actores de gran talla y, sobre todo, un equipo de *backstage* sólido que trabaje en armonía para entregar, noche tras noche, una verdadera obra maestra.

Cuarto acto: Los villanos de la historia (clientes que buscan el aplauso fácil o ignoran la dirección)

Seguramente, al leer este título, estás esperando que encendamos las luces del escenario para hacer una hoguera pública de personas, pero no será así. Un deber sagrado, casi una ley de camerinos para quienes hacemos comunicación, es mantener la confidencialidad absoluta de nuestros clientes. El decoro profesional está por encima de cualquier rencor. Sin embargo, lo que sí haré es abrir el telón para contarte algunas de las peores experiencias que he tenido que sortear en el *backstage*.

Empezaré con la "primadonna" más complicada a la que me he enfrentado. Se trataba de una mujer con una visión política clara y un compromiso innegable con lo que esperaba hacer en el cargo que ocuparía. Porque hay que ser justos en la crítica: no todo era malo. De hecho, la llevamos al triunfo, logrando que el público la aclamara al final de la función, aun cuando su carácter hacía que cada ensayo fuera una batalla campal. Era de esas personas que saben perfectamente cuál es su trabajo y lo cumplen a cabalidad, pero cuya "química" con el resto del elenco era inexistente.

Su cercanía con los ciudadanos —su público— se sentía más como un compromiso contractual que por un deseo real de conectar. Pero donde la obra se volvía verdaderamente oscura era detrás de las bambalinas. Su actitud con el staff estaba muy lejos de ser respetuosa; los gritos eran su forma de dirigir y las ofensas eran el diálogo común hacia el equipo técnico. Difícilmente se le daba gusto en la visión de lo que ella consideraba que era "adecuado", ignorando constantemente las notas de dirección que nosotros, como estrategas, le marcábamos para que la obra no se desmoronara.

A pesar del ambiente tóxico que se respiraba en cada "set", no abandonamos la obra. Como profesionales que somos, entendemos que el show debe continuar por respeto al proyecto y al equipo que depende de nosotros. Logramos bajar el telón con éxito y entregar los resultados esperados, pero sin duda alguna, al terminar la función, no hubo la más mínima intención de renovar el contrato para otra temporada. Hay personajes que, por más exitosos que sean en taquilla, simplemente drenan la energía de toda la compañía.

El principal reto que podemos enfrentar no es la falta de talento, sino encontrarnos con aquellos actores que buscan un equipo para producir su obra, pero no confían en el proceso. Las benditas redes sociales y su vertiginosa evolución han provocado un fenómeno curioso: han convertido a todo el mundo en "expertos" en cada una de las áreas que ocurren detrás del escenario. De pronto, todos saben cómo escribir guiones, cómo decorar escenarios, cómo iluminar y, por supuesto, cómo dirigir. Sin duda, el peor villano es aquel que te entrega la responsabilidad de que su obra sea un éxito, pero pretende hacerlo dictándote cada movimiento, asfixiando la estrategia con su propia visión amateur.

Evidentemente, nuestra labor empieza escuchando a cada uno de nuestros personajes. Ellos son los dueños de su mensaje y conocen mejor que nadie lo que quieren comunicar; ellos nos dan las líneas básicas de su historia. Sin embargo, convertir ese borrador en un éxito de taquilla requiere mucho más que una simple improvisación del momento. Requiere que, así como nosotros escuchamos sus necesidades, ellos confíen en nuestra técnica y nos permitan experimentar, arriesgar y proponer esos matices que realmente hacen la diferencia entre una obra mediocre y una ovacionada. Muchos proyectos, lamentablemente, se han quedado atrapados en la fase de preproducción. Son aquellos con quienes nunca pudimos conectar ni compartir una visión artística común. Con otros, la relación se agotó en los ensayos o apenas sobrevivió a las primeras funciones para la prensa, antes de que el telón pudiera subir ante el gran público.

En algunos casos, ha sido la falta de presupuesto para la siguiente temporada lo que nos ha frenado. Y es que en este negocio hay que entender las escalas: no es lo mismo el *rush* y la adrenalina de un estreno —que puede durar un mes intenso de campaña— que el compromiso de largo aliento que requiere una residencia. No es lo mismo una función relámpago que tener que sostener la calidad, el interés del público y la coherencia del guion en funciones que deben durar, como mínimo, tres años de administración o gestión. Mantener la magia encendida durante una temporada tan larga es el verdadero reto de los grandes productores.

Este es, sin lugar a dudas, el acto que me llena de un orgullo profundo y una felicidad genuina. Es el espacio reservado para encender los reflectores y recordar todas aquellas obras que nos regalaron aplausos sinceros, sonrisas de complicidad y, especialmente, muchísimas satisfacciones personales y profesionales. Son esas campañas que no solo cumplieron su objetivo, sino que fueron reconocidas en las grandes premiaciones del gremio, logrando que el nombre de nuestra compañía quedara grabado con letras de oro en las marquesinas de la comunicación digital.

En este recuento de éxitos, nuestra **ópera prima** brilla con luz propia. El trabajo realizado para el Gobierno del Estado de México y la colaboración con el **señor E** representan dos de las campañas más memorables de nuestra historia; fueron funciones donde recibimos ovaciones de pie de manera constante. Lo que comenzó como un reto se convirtió en una residencia de seis años ininterrumpidos, en la que tuvimos la oportunidad de presentar diferentes obras, todas alineadas bajo un mismo objetivo estratégico.

Gracias a esa entrega, logramos convertirnos en el referente absoluto a nivel nacional, posicionando tanto la figura del **señor E** como a nuestro propio *staff* como líderes indiscutibles en el arte de la comunicación digital. Esa etapa es, con orgullo, mi carta de presentación más sólida. Estuvimos juntos en el escenario por casi diez años, una década de aprendizaje y éxitos que me permitió construir los cimientos de mi carrera profesional y definir el estilo de dirección que nos caracteriza hoy en día.

No puedo dejar de recordar, con una mezcla de nostalgia y alegría, una obra que vivimos intensamente en **Tamaulipas**. La protagonista de esta historia era **O**, una mujer poseedora de una personalidad arrolladora y una voz que se escuchaba con fuerza de punta a punta, llenando cada rincón del escenario. Fue una obra compleja, con diversas funciones que parecían números musicales llenos de ritmo, donde los aplausos y las risas del público eran la banda sonora constante de cada jornada. Lamentablemente, el telón se cerró antes de lo previsto y el resultado final no fue el que nosotros, como productores y estrategas, esperábamos. Sin embargo, en el teatro de la vida y la política, hay funciones que te marcan por razones que van más allá del éxito electoral. Trabajar con **O** fue una experiencia sumamente refrescante; nos permitió disfrutar de la originalidad pura de una persona, de su resiliencia inquebrantable y de una forma única de ser que no se encuentra fácilmente en otros libretos.

Aunque hoy la vida nos ha llevado por caminos diferentes y esa temporada terminó hace tiempo, el recuerdo de esos días bajo los reflectores de Tamaulipas es algo que, en más de una ocasión, nos sigue sacando una sonrisa en el *backstage*. Nos recordó que, incluso cuando la obra no se convierte en un éxito de cartelera, la calidad de los actores y la pasión invertida en los ensayos hacen que todo el esfuerzo haya valido la pena. Fue, en todo el sentido de la palabra, una función digna de ser recordada.

Son muchas las presentaciones que nos han dejado un gran sabor de boca a lo largo de estos años, y honestamente, necesitaría un anecdotario mucho más extenso que este para hacerles justicia a todas. Sin embargo, considero que una de las más gratificantes de las últimas temporadas fue nuestra incursión en las campañas para el Poder Judicial. En este escenario, nos encontramos con un actor excepcional, **V**, quien desde el primer ensayo demostró una calidad humana fuera de lo común.

V no solo confió ciegamente en nuestro libreto y en nuestra dirección, sino que hizo algo que pocas veces ocurre en esta industria: nos hizo sentir parte de su familia. Bajo su liderazgo, la producción fluyó con una armonía envidiable; fue una campaña cimentada en el compromiso real, en la alegría de trabajar por un objetivo común y, sobre todo, en una atmósfera de confianza absoluta que nos permitía crear sin miedo. El resultado de esa química fue una obra maestra. Fuimos reconocidos con lo que yo llamo el "Tony de la comunicación política", un galardón que validó cada hora de desvelo y cada decisión creativa.

IStrategy está marcada por comentarios positivos del público y por la satisfacción de saber que, cuando el actor y la producción hablan el mismo idioma, el éxito no es solo una métrica, sino una experiencia compartida que trasciende el escenario. Sin duda, una de esas funciones que uno desearía que nunca bajaran el telón.

FOTOGRAFÍA POLÍTICA: LA NARRATIVA VISUAL QUE NO SE IMPROVISA; LA ESTRATEGIA QUE TODOS VEN, PERO POCOS ENTIENDEN, PRIORIZAN O INVIERTEN

Betsy Arreola[1]

En política, todo comunica. No hay espacio para lo neutro, para lo invisible o para lo irrelevante. Cada palabra, cada gesto, cada silencio y, sobre todo, cada imagen, construyen percepción. Y en este mundo donde la percepción muchas veces pesa más que la realidad, entender cómo se proyecta una figura pública no es opcional, es fundamental. Porque en política no basta con hacer, también hay que parecer. No basta con tener resultados, hay que saber comunicarlos. Y no basta con decir quién eres; hay que lograr que los demás lo perciban de la manera correcta.

Hoy más que nunca, vivimos en una era donde la inmediatez domina la forma en la que consumimos información. Las audiencias no se detienen a analizar con profundidad, no leen entre líneas ni esperan explicaciones extensas: observan, interpretan y deciden en cuestión de segundos. En ese breve lapso se construyen opiniones, se generan afinidades o rechazos, y se define si una figura pública logra conectar o simplemente pasa desapercibida. Por eso, en política, la forma en la que te ven puede ser incluso más determinante que lo que dices o haces. Y esa forma de ser visto no es casual, es resultado de una construcción constante, consciente y estratégica.

[1] Especialista en copywriting para marketing político digital y fotografía política de campo.

La comunicación política no se da por sí sola. No es improvisación, no es intuición aislada ni ocurrencia del momento. Es estrategia, es planeación, es equipo. Es ese engranaje donde cada área cumple una función específica para lograr un objetivo claro: posicionar, conectar y permanecer en la mente de las personas. Es un trabajo que implica análisis, definición de narrativa, construcción de identidad y coherencia en cada uno de los mensajes que se emiten. Nada debería dejarse al azar, porque en política, cada detalle comunica y cada omisión también.

Sin embargo, dentro de ese engranaje existe un espacio que, aunque es visible para todos, paradójicamente es de los menos comprendidos, de los menos valorados y, sobre todo, de los menos atendidos: la fotografía. Un área que está presente en todo momento, en cada evento, en cada publicación, en cada material de difusión, pero que rara vez se piensa con la profundidad estratégica que realmente merece.

Sí, la fotografía. Ese elemento que muchos consideran complementario, secundario o incluso prescindible. Ese recurso que, en la práctica, suele dejarse al final del proceso, cuando "ya todo está listo". Ese espacio que con frecuencia se improvisa, que se delega sin dirección o que se asigna a quien "pueda hacerlo", sin considerar si cuenta con la preparación o la visión necesaria. Ese mismo espacio que, a pesar de estar presente en cada punto de contacto con la ciudadanía, sigue siendo uno de los más subestimados dentro de cualquier equipo de comunicación política.

Y es precisamente ahí donde comienza uno de los errores más comunes y más costosos en términos de percepción. Porque mientras se invierte tiempo en construir discursos, en diseñar estrategias y en planear acciones, la forma en la que todo eso se proyecta visualmente queda en segundo plano. Se asume que la imagen "saldrá bien", que "con cualquier foto funciona" o que "lo importante es el mensaje", cuando en realidad la imagen es, muchas veces, el primer filtro del mensaje.

Pero la realidad es otra. La fotografía no es un accesorio de la estrategia. Es estrategia. Es el punto donde todo lo planeado se vuelve visible, donde la narrativa cobra forma y donde el mensaje encuentra su destino: quedarse en la mente de las personas o perderse en el ruido. Es el momento donde la intención se traduce en percepción, donde la identidad se vuelve tangible y donde la coherencia, o la falta de ella, se hace evidente.

Después de más de 10 años dedicándome a la consultoría política y a la fotografía política de campo, lo he visto de forma constante: una campaña puede tener un discurso impecable, una narrativa bien construida y un equipo sólido, pero si no se ve bien, si no se proyecta correctamente, simplemente no conecta. Y en política, no conectar es desaparecer. Porque puedes tener la mejor propuesta, la mejor trayectoria o la mejor intención, pero si no logras transmitirlo visualmente, para la mayoría de las personas simplemente no existe.

Con el tiempo entendí algo que parece obvio, pero que no todos asumen: las fotos también se piensan. No son producto del azar. No son resultado de "a ver qué sale". No son casualidad. Son decisiones. Son construcción. Son intención. Detrás de cada imagen hay una elección: qué mostrar, cómo mostrarlo, desde qué ángulo, en qué momento, con qué luz, con qué fondo, con qué gesto. Y cada una de esas decisiones tiene un impacto directo en la percepción que se genera.

Porque una fotografía no solo captura un instante, construye un mensaje. No solo documenta un momento, proyecta una identidad. No solo muestra a una persona, la posiciona frente a una audiencia. Y cuando eso no se entiende, cuando la fotografía se reduce a un simple registro visual, se pierde una de las herramientas más poderosas dentro de la comunicación política.

Entender esto cambia por completo la forma en la que se trabaja. Cambia la manera en la que se integra la fotografía dentro del equipo, la forma en la que se planifica, la importancia que se le da y la inversión que se destina. Porque deja de ser un "extra" para convertirse en un eje estratégico. Deja de ser un complemento para convertirse en una pieza clave dentro de la construcción de imagen pública.

Y es justo ahí donde radica la diferencia entre quienes logran posicionarse y quienes se quedan en el intento. Porque mientras algunos siguen viendo la fotografía como algo secundario, otros la entienden como lo que realmente es: una narrativa visual que no se improvisa, pero que, a pesar de estar a la vista de todos, pocos comprenden, priorizan o invierten como deberían.

Porque no basta con tomar por tomar.

No basta con tener una cámara en la mano.

Y hay que decirlo con claridad: no por tener una cámara eres fotógrafo.

Así como no por escribir eres estratega, ni por publicar eres comunicador.

Dentro de un equipo, la fotografía no debería ser una función improvisada ni un rol secundario. Debería ser un eje estratégico. Y para eso, se necesita a alguien que entienda la fotografía como lo que es: una herramienta de poder.

La fotografía política exige dirección.

Exige lectura del contexto.

Exige sensibilidad.

Exige entender qué se quiere decir, cómo se quiere ver y, sobre todo, qué se quiere provocar en quien observa.

Recuerdo muchas conversaciones con mi buen amigo Jorge Sandoval, experto en retrato político. Entre conferencias, aprendizajes y cafés, uno de ellos, en los portales de mi hermosa Morelia, "Ciudad de la Cantera Rosa", coincidíamos en algo que con los años confirmé: una fotografía trabaja 24/7.

¡No descansa!, ¡no se apaga!, ¡no se detiene!

Está en la foto de perfil.

En la portada de redes sociales.

En un espectacular.

En un volante.

En una lona.

En una mampara.

En un boletín.

En una campaña digital.

En cada espacio donde una figura pública busca posicionarse.

¡La fotografía está en todos lados y siempre está hablando por ti! Incluso cuando tú ya no estás hablando. Incluso cuando el evento terminó. Incluso cuando la campaña ya pasó. ¡Y ahí radica su poder!

Por eso, contar con un buen fotógrafo dentro del equipo no es un lujo, es una necesidad estratégica. Es tener a alguien que entienda el momento, que lea el entorno, que sepa cuándo disparar y cuándo no, que construya una imagen con intención. Porque sí, tomar fotos cualquiera puede. Pero construir una imagen, eso es otra historia.

Y es aquí donde muchos equipos cometen uno de los errores más comunes: improvisar. Por ahorrar, por desconocimiento o simplemente por no dimensionar la importancia de la fotografía, la cámara termina en manos de quien está disponible o de quien puede: el copywriter, el community manager, el diseñador, el particular o hasta el chofer.

Y aunque todos cumplen un rol importante dentro del equipo, la realidad es que no todos saben de fotografía. No todos tienen el ojo, ni la técnica, ni la sensibilidad, ni la dirección estratégica necesaria para proyectar correctamente a una figura pública.

El problema no es solo quién toma la foto. El problema es lo que esa foto comunica. Porque una mala fotografía no solo es una mala imagen. Es una mala percepción. Es un mensaje equivocado. Es una oportunidad perdida.

Delegar la fotografía a alguien sin preparación es, en muchos casos, más costoso que invertir en un profesional. Porque el error no se mide en la foto, se mide en la percepción que se genera. Y en política, ¡la percepción lo es todo!

Por eso, confiar y contratar a un buen fotógrafo no es un gasto. Es una inversión estratégica. Es apostar por alguien que entienda que no se trata de tomar fotos bonitas, sino de construir imagen pública.

A lo largo de estos años también he aprendido que la técnica, aunque importante, no lo es todo. Hay algo igual de fundamental: la comunicación.

La comunicación con el cliente es clave. Sin ella, cualquier intento de generar buenas imágenes puede fracasar. No se trata de invadir con la cámara ni de hostigar con fotos. Se trata de leer el momento, de entender al personaje, de generar confianza. Porque una buena fotografía también nace de una buena relación.

Recuerdo una ocasión en la que un familiar de una cliente me dijo: "¡Qué buenas fotos! ¡Están geniales!, pero para hacer un buen caldo se necesita una buena gallina".

Y sí, tenía razón. Pero también entendí algo más: ese resultado no fue casualidad. Fue producto de una buena comunicación, de apertura, de confianza y de trabajo en equipo. Porque al final, esto no es solo fotografía. Es coordinación, estrategia y entendimiento.

También lo dicen de muchas formas, y todas terminan apuntando al mismo lugar: "No es la flecha, es el indio". En fotografía política, esa frase cobra un sentido todavía más profundo, porque nos recuerda algo que constantemente se olvida dentro de los equipos de comunicación: no es la cámara, es quién la usa. No es el equipo, es el ojo. No es el disparo, es la intención. Porque la fotografía no se toma, se hace. Se construye desde la mirada, desde la experiencia, desde la lectura del contexto y desde la claridad de lo que se quiere comunicar.

Y aunque muchas veces se escuche la clásica frase de "qué bonitas fotos hace tu cámara", la realidad es muy distinta: detrás de una buena imagen no hay suerte ni casualidad, hay años de trabajo, de errores, de aprendizaje, de técnica, de criterio, de sensibilidad y, sobre todo, de comunicación.

Porque una buena fotografía política no solo depende del encuadre o de la luz, depende de entender a la persona que está frente al lente, de saber qué representa, qué quiere proyectar y cómo quiere ser percibida. Depende de saber cuándo intervenir y cuándo esperar, cuándo dirigir y cuándo observar, cuándo capturar y cuándo dejar pasar. Esa es la diferencia entre alguien que toma fotos y alguien que construye imagen pública.

Ahora bien, hay un tema que muchas veces incomoda, que se evita o que se minimiza dentro de los equipos: la inversión. Y no solo hablo de invertir en equipo fotográfico, sino también en capacitación, en formación y en profesionalización. En muchos equipos de comunicación, la fotografía sigue siendo vista como algo secundario, como un área que puede resolverse "con lo que hay", como un espacio donde no es necesario destinar recursos importantes. Y después vienen las comparaciones con otros equipos, las frustraciones por los resultados, los cuestionamientos sobre por qué la imagen no conecta o por qué no se logra el impacto esperado. Pero antes de voltear a ver lo que hacen los demás, habría que hacer una pausa y revisar lo que se tiene dentro: qué equipo se está utilizando, qué nivel de preparación existe, qué tanto se entiende la fotografía como parte de la estrategia.

Porque la realidad es muy clara: sin inversión, no hay calidad. Sin capacitación, no hay evolución. No es suerte, no es filtro, no es casualidad, es preparación, es disciplina, es constancia. Es entender que la fotografía política, como cualquier otra área estratégica, requiere tiempo, recursos y profesionalismo para dar resultados. Pretender resultados de alto nivel sin invertir en ello es uno de los errores más comunes y más costosos en términos de percepción.

Otro punto fundamental, y muchas veces subestimado, es el contenido. Porque no se trata solo de tomar buenas fotos, sino de saber cuáles fotos sirven y cuáles no. No todas las imágenes deben publicarse, no todo lo que se captura comunica correctamente y no todo lo que parece "bonito" funciona en términos de estrategia.

El fotógrafo político debe desarrollar un sentido que va mucho más allá de la técnica: debe tener la capacidad de decidir qué mostrar, cómo mostrarlo y en qué momento hacerlo. Debe leer el contexto en tiempo real, entender el entorno, anticiparse a los momentos y construir imágenes que realmente representen a la figura pública que está proyectando. Debe cuidar cada detalle, desde la postura hasta el fondo, desde la expresión hasta la narrativa implícita en la imagen. Debe proyectar correctamente, pero, sobre todo, debe generar conexión. Porque hoy no estamos frente a audiencias que analizan detenidamente cada contenido; hoy estamos frente a audiencias que escanean, que deciden en segundos si algo les interesa o no. Y en ese escenario, una imagen tiene un poder enorme: en cuestión de segundos puede lograr que alguien se detenga, se identifique, conecte o simplemente siga de largo.

Por eso, la fotografía política no solo debe ser correcta, debe ser estratégica. No solo debe verse bien, debe decir algo. No solo debe existir, debe impactar.

Una buena fotografía debe impactar desde el primer instante. Debe detener la mirada, provocar una emoción y dejar una idea clara en la mente de quien la observa. Debe comunicar sin explicar y conectar sin hablar, porque hoy vivimos en una dinámica donde no leemos, escaneamos; donde una imagen tiene apenas unos segundos para decirlo todo o perderse en el ruido. En ese contexto, la fotografía política no puede ser un accidente ni una ocurrencia, tiene que ser una decisión.

A lo largo de más de una década, he visto cómo muchos actores políticos siguen cometiendo el mismo error: subestimar la fotografía. La dejan al final del proceso, la improvisan, la delegan sin dirección o simplemente no invierten en ella. Y el resultado es siempre el mismo: una mala proyección, desconexión con la ciudadanía, mensajes débiles y una imagen pública que no logra posicionarse. Porque en política la percepción no es importante, es todo, y esa percepción se construye, en gran medida, en una fracción de segundo, a través de una imagen que muchas veces no fue pensada con la seriedad que requiere.

La fotografía no es un lujo, ni un complemento, ni un elemento decorativo dentro de la estrategia de comunicación. Es una necesidad estratégica, es el último filtro de todo el trabajo previo, es el punto donde la narrativa se vuelve visible y donde la estrategia encuentra su forma más concreta. Es ahí donde días, semanas o meses de planeación, discurso y operación política se sintetizan en una sola imagen. Y cuando esa imagen falla, todo lo demás tambalea.

Una mala fotografía puede tirar una narrativa cuidadosamente construida, puede distorsionar un mensaje claro, puede debilitar a una figura pública que busca posicionarse, puede romper la coherencia entre lo que se dice y lo que se proyecta. Puede generar ruido, confusión o incluso rechazo. Puede hundir. Pero una buena fotografía hace exactamente lo contrario: posiciona, conecta y trasciende. Le da rostro a la estrategia, coherencia al mensaje y permanencia a la narrativa.

Por eso, dentro de cualquier equipo de comunicación, debe existir un buen fotógrafo, no cualquiera, no el que "toma fotos", sino el que entiende, el que observa, el que sabe leer el contexto, el que escucha y el que construye imagen con intención.

Hablar de fotografía política es hablar de una narrativa visual que no se improvisa, de una estrategia que todos ven pero que pocos entienden, priorizan o invierten. Y ahí está una de las grandes contradicciones dentro de los equipos: saben que la imagen está en todos lados, que es visible, que impacta, pero no siempre le dan el lugar que merece. La usan, pero no la trabajan. La necesitan, pero no la planean. La exigen, pero no invierten en ella. Y es precisamente ahí donde se marca la diferencia entre quienes logran posicionarse y quienes se quedan en el intento. Porque improvisar en fotografía no solo sale caro, sale carísimo en percepción, en credibilidad y en resultados.

Por eso hay que invertir en equipo, en capacitación y, sobre todo, en profesionales que entiendan que cada imagen tiene un propósito. Porque al final del día, en política, la gente puede olvidar lo que dijiste, lo que prometiste o incluso lo que hiciste, pero nunca olvida lo que vio. Y en esa imagen, que parece tan simple, pero que lo dice todo, es donde muchas veces se gana o se pierde absolutamente todo.

SIN ESTRUCTURA Y SIN TERRITORIO, PERO CON ESTRATEGIA: UNA CAMPAÑA ELECTORAL JUDICIAL DIGITAL

Jorge Sánchez Xicohténcatl

Desde que era niño sentí un gran interés por lo que ocurría a mi alrededor; me incluía en las conversaciones de la familia para tomar la palabra y opinar sobre los acontecimientos políticos que pasaban en nuestro municipio, en Papalotla, Tlaxcala, lugar de donde soy originario. Con el paso del tiempo, fui generando un interés especial en los asuntos públicos; comencé a participar en actividades vecinales con la finalidad de involucrarme en la toma de decisiones que generaran un impacto colectivo. De esta manera y con el paso del tiempo, me di cuenta de que día a día construía una vocación política, a tal grado que tomé la decisión de estudiar la licenciatura en Ciencias Políticas y Administración Pública en la Universidad Autónoma de Tlaxcala.

A la par de estar estudiando, me incliné por participar directamente entre los actores políticos y todo indicaba que mi ruta de vida sería no solo prepararme profesionalmente en la ciencia política, sino servir a través de la política. Sin embargo, cuando comencé a enrolarme en temas relacionados con la toma de decisiones grupales y partidarias con la finalidad de generar una proyección política, me di cuenta de lo complejo que es navegar en un sistema en donde, si no cooperas con los intereses grupales o de ciertos liderazgos, estás fuera. Esto me hizo reflexionar y comprender que no era lo que yo quería, toda vez que siempre he compartido la visión de crecer por mérito y no por personas o por grupos, situación que me hizo alejarme de la praxis política.

Mientras vivía experiencias en el ejercicio político, concluía la licenciatura, experiencia académica que ayudó a profesionalizar mis conocimientos y a comprender que la política no se hace únicamente siendo representante popular, sino que se hace y se construye desde diferentes trincheras. Es así que continué con mis anhelos de hacer política, pero me di cuenta de que para mantener mis ideales y la visión de vida que había construido años atrás, mi rol no era el de ser político, sino el de auxiliar y preparar a los políticos; asimilé y comprendí que muchos de los errores, fracasos y abusos políticos radican en la carencia de conocimientos de quienes hacen política, en una mala asesoría y en un mal seguimiento de evaluación. Este contexto que se presenta en México y en cualquier otro país me hizo ver que ahí radicaba un área de oportunidad en donde encajaban mis intereses, no solo políticos, sino profesionales, ya que me llevó a comprender principalmente dos cosas:

Primero, que a través de la asesoría profesional podría orientar a quienes hacen política, situación que me llena de satisfacción porque a través de lo que uno construye y orienta de manera profesional, otros toman decisiones; ahí me hace ver la aportación profesional que genero. Segundo, que esas decisiones tienen un impacto colectivo, durante una campaña electoral o bien durante un ejercicio de gobierno; ahí puedo ver mi aportación social.

Con la finalidad de potencializar mis conocimientos, decidí estudiar una maestría que vinculara mi pasión por la política y la estrategia de posicionamiento, situación que me llevó a estudiar la maestría en Opinión Pública y Marketing Político en la Benemérita Universidad Autónoma de Puebla, un acontecimiento que me ayudó a especializar mis conocimientos para impulsarme en el mundo de la consultoría política, de manera específica en el marketing político. De esta manera y después de colaborar en un par de consultorías, decidí conformar la mía en el año 2020: "JOSXMARK", un grupo de trabajo especializado en el marketing político digital que tiene como misión principal posicionar a actores políticos e instituciones públicas mediante el diseño e implementación de estrategias digitales.

Después de un par de años en la consultoría política, hemos tenido diversas experiencias en México, participando en elecciones locales, estatales y federales, tanto del Poder Ejecutivo como del Legislativo y Judicial. Una de las últimas fue precisamente en las elecciones de los integrantes del Poder Judicial en México, un hecho inédito que se realizó en 2025 y del cual les compartiré en las siguientes páginas una gran experiencia que tuvimos.

El inicio inesperado

Durante mi estancia en la Universidad Autónoma de Tlaxcala conocí a distintos maestros con los que hoy en día conservo su amistad; uno de ellos es el maestro David Cabrera Canales, quien, en su momento, además de ser mi docente, también fue mi coordinador de licenciatura. Después de egresar mantuve el contacto con él; de vez en cuando nos saludamos y charlábamos sobre nuestras actividades profesionales y recuerdo que un día le compartí que me había especializado en el marketing político y que había conformado una consultoría. Tras mantener el contacto y, con el paso del tiempo, a sabiendas de mi formación, me convocó a la universidad en un par de ocasiones para colaborar en diversos proyectos académicos, contexto que me hace resaltar dos puntos importantes en la consultoría política. 1. La importancia de especializarse en temas profesionales, porque eso siempre será un elemento diferenciador y además le dará un plus a nuestro trabajo, ya que genera mayor confianza y credibilidad, situación que aumenta las probabilidades de ser considerado y convocado a nuevos proyectos. 2. La importancia de promover y mantener relaciones públicas porque eso te vincula a otros proyectos que pueden ser de tu interés y, por supuesto, de gran utilidad.

A inicios del año 2025 recuerdo que David me invitó a desayunar para compartirme que uno de sus amigos participaría como candidato a juez federal en el proceso electoral del Poder Judicial de ese año. Así mismo, me externó que en días previos había hablado con él y que le había comentado sobre mi trabajo, situación que terminó en una recomendación de mi persona y, por supuesto, de mi equipo. Con este antecedente agendamos una reunión en días posteriores con el candidato; se trataba de Andrés de Jesús Juárez Pérez, quien en días previos había salido en la lista de candidatos para participar en el proceso de selección de jueces federales del Poder Judicial. Recuerdo que platicamos un viernes por la noche; nos reunimos David, Andrés, Erika, quien es la hermana de Andrés, y yo.

Compartimos puntos de vista sobre el proceso electoral del Poder Judicial, un acontecimiento que se llevaría a cabo por primera vez en México. Para nosotros, como equipo de trabajo en "JOSXMARK", ya era un reto y una motivación participar en este proceso inédito, pero sin duda lo más sorprendente fue cuando Andrés, el candidato tlaxcalteca, me compartió que su participación no sería en Tlaxcala, de donde es originario, sino en el Estado de Nuevo León, ya que por las determinaciones del Instituto Nacional Electoral (INE) había sido seleccionado para participar como candidato en el Distrito Federal 3 de Nuevo León, en materia civil y laboral. Esto sin duda fue una gran sorpresa para mí, ya que nunca se había presentado algo así en el país, es decir, que el registro de vivienda de una persona estuviera en un Estado y que fuera posible participar en un proceso electoral en otra entidad. Por esta razón, una de las primeras preguntas que les hice a Andrés y a su hermana fue: ¿A quién o a quiénes conocen en Nuevo León? La respuesta fue simple: a nadie.

El reto de competir en donde nadie te conoce

Participar en el proceso electoral del Poder Judicial era un paso importante para mí y para mi equipo de trabajo, pero dirigir una campaña en un lugar al que no pertenecía el candidato era un gran reto. No hubo pretextos; lo que sí hubo desde el principio fue una gran disposición de colaborar y contribuir al proyecto de Andrés Juárez, un abogado y politólogo de formación, originario de Tlaxcala Capital.

Desde que platiqué la primera vez con él, me generó confianza y una gran impresión; me compartió su trayectoria y sus anhelos, y desde ahí supe que con esa visión podríamos emprender un gran proyecto aun con las adversidades que se podrían presentar durante la campaña. Recuerdo que, a partir del primer contacto que tuvimos, teníamos aproximadamente 30 días para que iniciara la campaña de manera oficial; por ello, después de llegar a un acuerdo, pusimos en marcha distintas mesas de trabajo para empezar a planear, porque no era cualquier campaña, teníamos en puerta el primer proceso electoral del Poder Judicial en el que competiríamos en un estado completamente desconocido para nosotros en el ámbito territorial, Nuevo León.

No fue nada fácil asimilar esta situación, ya que participar en una de las entidades más importantes del país, sin estructura, sin visibilidad y con un proceso judicial poco conocido, complicaba el panorama, y más porque Andrés nunca había estado en Nuevo León, no conocía a la gente y menos el territorio; solo tenía dos enlaces directos en ese Estado, quienes fueron fundamentales para llegar a tierras norteñas.

La decisión estratégica

Después de reflexionar y analizar el contexto que teníamos con el caso de Andrés Juárez, era evidente que debíamos apostar por una campaña digital; ahí me hizo comprender con mayor profundidad por qué me habían contratado. Esto representó una motivación para mí y para mi equipo de trabajo, porque sabíamos que aquello que llegáramos a plantear como estrategia llegaría a incidir de manera directa en el resultado.

De esta forma, nos pusimos a trabajar en conjunto, tuvimos mesas de trabajo en la oficina de Andrés y, por supuesto, largas horas de análisis con el equipo JOSXMARK, con quienes construí la narrativa, la estrategia, la identidad gráfica y todo el plan de trabajo para echar a andar una campaña de posicionamiento a través de redes sociales. Una de las mayores inversiones en tiempo fue la de conocer y analizar Nuevo León y su audiencia, de manera específica el distrito 3 Federal Judicial, que estaba conformado por 32 municipios, es decir, más de la mitad, ya que Nuevo León está conformado por 51 municipios.

Una vez que definimos la estrategia digital de posicionamiento, comenzamos con la producción de contenidos del candidato, ya que no podíamos esperar más tiempo porque el inicio de la campaña estaba a muy pocos días, pero ¿qué creen?, esta producción se hizo nada más y nada menos que en Tlaxcala, toda vez que, por las condiciones antes mencionadas y por los gastos económicos, Andrés partió a Nuevo León el 1 de abril, es decir, un día después del inicio de la campaña, ya que había iniciado el 30 de marzo.

No obstante, a pesar de que Andrés estaba en Tlaxcala semanas previas al inicio de la campaña, nosotros ya lo estábamos posicionando en medios digitales en el Estado de Nuevo León; así de importantes son las redes sociales y en general los medios digitales, ya que a través de ellos es posible hacer una campaña electoral en un determinado lugar, sin que esté el candidato.

Andrés llegó a Nuevo León junto con su hermana, dos de sus sobrinas y su cuñado, unas personas extraordinarias y muy comprometidas con el proyecto y, por supuesto, con la democracia de México. Esta familia de buenos principios y valores fue recibida en la casa del amigo de un amigo, porque así se fue construyendo esta campaña, de voz en voz y de amistad en amistad. Dos días después partí de Tlaxcala junto con un integrante del equipo de JOSXMARK para llegar a Nuevo León; para ser exactos, aterrizamos el 3 de abril y en aquel entonces ya éramos siete tlaxcaltecas en la sultana del norte. Imagínense, no conocíamos el Estado y menos a la gente; no teníamos estructura territorial, pero sí teníamos el anhelo de triunfar.

Tras desempacar las maletas, retomamos los trabajos de análisis y estrategias que habíamos comenzado a trabajar semanas atrás en Tlaxcala; de esta manera se plasmaron rutas, actividades, calendarios y todas las demás estrategias que se aplican en una campaña electoral. Nuestro objetivo era claro: recorrer el distrito 3 de Nuevo León para dar a conocer al candidato al mayor número de personas y ampliar su imagen en el ecosistema digital, con la finalidad de posicionarlo frente a sus adversarios y ganar la elección. Aquí cabe resaltar que él competía con otros 3 candidatos, dos hombres y una mujer, todos originarios del Estado de Nuevo León, lo que se traducía en una desventaja más.

Más allá de ver las limitantes que teníamos, nos dedicamos a trabajar desde el primer día; implementamos organización, orden y una estrategia vinculada a la cultura, las tradiciones, el deporte y el contexto político, situación que nos permitió caminar con una ruta definida, pero también con una identidad apegada al lugar y a la realidad, elementos que terminaron siendo claves para generar "engagement". Desde muy temprano comenzábamos a recorrer municipios, acercándonos a zonas y lugares estratégicos con mayor afluencia de personas; tomábamos tiempo para regresar a casa o bien comíamos en algún lugar durante el traslado de un municipio a otro. Fue una campaña de 24/7 durante 60 días.

La narrativa fue algo clave: presentar a Andrés con arquetipos que respondían a las expectativas de la gente de Nuevo León; en esta ocasión nos reservábamos el lugar de nacimiento, el origen e incluso la trayectoria; lo más importante era conectar emocionalmente con la gente.

El *speech* que se armó y que se trasladó a redes sociales, la imagen que se construyó y que se evidenció en cada uno de los contenidos que creábamos (fotos, videos, diseños, *reels*) nos permitió poco a poco conectar con la audiencia, pero no solo eso, el mensaje se fue expandiendo, algo que en comunicación política es fundamental. Andrés Juárez Pérez era candidato a juez en materia civil y laboral y es válido expresar que nuestro candidato pasó de ser un desconocido a una persona que representaba esperanza para la gente, principalmente para la clase trabajadora, uno de los sectores más amplios por la naturaleza de la actividad económica en Nuevo León, a quien enfocamos en gran medida nuestro mensaje y nuestra narrativa. Andrés es una persona que se caracteriza por su sensibilidad, amabilidad, por su humanismo y su compromiso. Esto permitió conectar en mayor medida con la gente en el territorio, pero a su vez, esas cualidades las trasladamos al mundo digital, de tal forma que su nombre ya era buscado en la web, porque él tenía algo que los demás no tenían, carisma y cercanía con la gente.

Había lugares en donde le expresaban: "Tú no eres de aquí, se te nota en el acento, pero qué bueno que andas recorriendo y visitando a la gente; nadie más nos ha venido a saludar y eso habla bien de ti; cuenta conmigo, con mi familia y con algunos amigos, te haré una reunión con ellos para que te conozcan". Por otra parte, le decían: "Te he visto en redes sociales, veo en tus fotos y videos que representas el número 17 en la boleta amarilla, que escuchas a la gente y que estás recorriendo todos los municipios de Nuevo León; no veo que alguien más esté haciendo eso". Ahí corroboramos que el mensaje se estaba expandiendo y que cada vez llegábamos a más personas, pero lo más importante es que generábamos percepción y esa percepción era positiva.

Construimos storytelling todo el tiempo, ya que cada lugar y cada persona era una historia que transmitía emociones; por eso procuramos compartir cada una de ellas durante la campaña, una experiencia en la que vivimos de todo: hubo momentos de mucha alegría y motivación, pero también hubo momentos tensos que nos llevaron a corregir el camino; sin duda, cada vivencia fue fortaleciendo el proyecto.

Conforme pasaba el tiempo, avanzaba la narrativa y el posicionamiento digital cada vez era mayor; durante el día se realizaba trabajo estratégico y durante la noche se generaba retroalimentación con el candidato. Sin duda era una jornada muy larga porque a su vez atendía otros proyectos y campañas del proceso electoral judicial en Tlaxcala, a la par de atender los temas de una segunda maestría en "Comunicación y Medios Digitales" que había iniciado en semanas previas.

Día a día la campaña se fue consumando. Después de recorrer el distrito 3 federal de Nuevo León por casi 60 días, la visión de nuestro candidato y del equipo de trabajo era muy diferente de cuando comenzamos, ya que la intensa labor e involucramiento que se había realizado nos daba mayor sentido de pertenencia en un lugar que al principio era completamente desconocido para nosotros. Aunque pareciera extraño, Andrés ya no era el mismo; se identificó tanto con la gente y la gente con él que lo invitaban a permanecer en Nuevo León independientemente del resultado. Ahí fue otro de los momentos que me dio mucha satisfacción porque sabía que esto era parte del impacto que se había generado con todo el trabajo programado en semanas previas.

Los últimos días de campaña fueron cruciales; tratamos de fidelizar a nuestra audiencia con un trabajo de contacto permanente a través de las comunidades digitales que habíamos creado desde el inicio y concluimos con un importante mensaje en la Macroplaza, un lugar icónico de Nuevo León que nos permitió reunir los elementos simbólicos más importantes para nuestro último spot de campaña. Después de la creación de esta última pieza y faltando 5 días para la votación, regresé a Tlaxcala para seguir operando y trabajando en la campaña, pero ahora a la distancia, ya que lo importante era darle seguimiento hasta el último momento para llegar fortalecidos al día de la elección.

El día de la elección y el resultado

El tan anhelado 1 de junio, que fue el día de la elección, llegó; desde muy temprano comenzamos a movilizar a nuestros electores que teníamos en las bases de datos y en las comunidades digitales. Sin duda, fueron momentos de mucha incertidumbre porque había dos consideraciones muy importantes en esos momentos; la primera de ellas era que, por ser el primer proceso electoral del Poder Judicial, se pronosticaba una baja participación ciudadana; la segunda era el origen y el contexto de Andrés, un candidato que estaba participando en un lugar ajeno, en el que había estado únicamente 60 días trabajando, haciendo campaña; versus a sus tres oponentes que eran originarios de Nuevo León y que habían estado una vida entera en esta entidad.

Las desventajas de Andrés eran muy amplias porque, paradójicamente, ni él como candidato podía votar por él mismo, ya que su registro en la lista nominal estaba en Tlaxcala. Pero bien dicen que en política no hay sorpresas, sino sorprendidos, ya que cuando comenzaron a aparecer los primeros resultados de votación se presentó algo verdaderamente sorprendente: Andrés no solo tenía votos, tenía miles. Así es, el tlaxcalteca que comenzó siendo un desconocido en Nuevo León, a base de esfuerzo, organización, coordinación y estrategia digital, se fue posicionando y ganando la confianza de la gente, situación que se reflejó en más de 30 mil votos a su favor, algo completamente sorprendente.

Este caso sin duda tiene un gran mérito porque no se trata de un efecto de partido, como suele presentarse en otras elecciones y con otros candidatos; se trata de un caso en donde hubo trabajo, organización, coordinación y estrategia, en donde el posicionamiento de la imagen y la narrativa llevaron a la acción del votante a favor de nuestro candidato. Aunque lamentablemente no fue posible obtener el triunfo, porque hubo quien rebasó en votos, del cual no dudamos que haya sido efecto de la operación acordeón, el margen de diferencia no fue mucho entre el primero, segundo y tercer lugar, posición en la que quedó Andrés.

Para quienes conformamos en su momento este equipo, lo más importante no fue el lugar de posición en el resultado final, sino la movilización que pudimos generar con una estrategia digital en redes sociales y un gran trabajo territorial de 7 personas, en un lugar completamente desconocido y en menos de 60 días.

Reflexiones finales

Participar en esta primera campaña electoral de la elección de los integrantes del Poder Judicial en México me dejó grandes aprendizajes; aunque, como en cualquier otro proyecto en el que me involucro, me hubiera gustado conseguir el triunfo, comparto con Andrés diversas victorias en esta gran experiencia.

Tras lo vivido, puedo compartir con los lectores de este libro que la estrategia y la narrativa importan más que la estructura, tal como sucedió en la campaña de Andrés, en la que solo éramos 7 integrantes los que conformábamos la estructura y en un lugar completamente desconocido, pero con una estrategia narrativa bien definida que nos permitió obtener más de 30 mil votos. Así mismo, la implementación de una buena estrategia digital puede romper barreras territoriales; solo es cuestión de un buen diagnóstico, un análisis profundo y un seguimiento profesional.

A modo de reflexión, concluiría diciendo que es muy común escuchar que las campañas electorales se ganan en territorio, pero esta elección que viví me hace señalar que, en la era digital, el territorio también puede construirse en la web.

EN CAMPAÑA NO HAY EDAD, SOLO RESULTADOS

Alexis Vladimir Castillo Medel

Como si se tratara de un "plan estratégico" de la vida —usando ese vocabulario tan amplio que circula en cualquier war room de la consultoría política—, llegué a las filas de la COMPOL gracias a la confianza de dos personas fundamentales en este proceso. Personas a las que respeto, admiro y agradezco profundamente: Juan Carlos Limón y Kif Nava.

Visto en retrospectiva, pareciera que cada acierto, cada error y cada decisión tomada antes de entrar a este mundo fueron trazando una ruta imperfecta, pero decisiva, para mi futuro profesional en este rubro. Una ruta que, con el respaldo de quienes mencioné, llegó un vaivén de experiencias. Hoy les cuento una de ellas, aprovechando este espacio que la comunidad de consultores me ha brindado.

Hecho el preámbulo —y como auténtico bomberazo— voy al punto que me dejó grandes aprendizajes que quiero compartir en este texto.

Si algo parece constante en las campañas es la premisa de que todo es para ayer. Y, por lo tanto, siempre llegas tarde. En teoría, no debería ser así. En la práctica, muchas veces lo es.

El problema, muchas veces, radica en el ego que no debería tener asiento en una sala de juntas. Llegar a acuerdos sobre funciones y ejecución puede volverse problemático. Pero esa es tela de otro traje, que en otra ocasión confeccionaremos, diría mi abuelo, aunque sí tiene que ver con lo que les voy a contar.

La historia comienza así: aterricé sin conocer del todo el terreno que pisaba. Hoy lo cuento con calma; en ese momento se sentía como llegar a una zona de guerra.

Calor infernal en el estado, frío extremo por las noches. Aeropuerto pequeño, casi autoservicio. No más de diez personas trabajando —o eso parecía—. Quien trapeaba el piso era el mismo que pedía los taxis. Exagerado... un poco, pero así se percibía.

Me incorporé a un proyecto que rozaba el temido *deadline*. Un informe de gobierno que ya se había salido de control. La lógica en ese momento era: todo lo que sume es bienvenido; más vale que sobre a que falte.

Apenas iba rumbo al hotel cuando sonó mi teléfono. Era la voz de la persona que marcaría toda mi estancia ahí y quien, en teoría, iba a estar de mi lado en este proyecto. En teoría.

Sin saludo, sin cortesía:

—Te veo en el hotel en 30 minutos y hablamos.

Mi encomienda —relativamente— era sencilla: entregar materiales, explicar la lógica visual de los logros de la administración y afinar detalles. Nada más. Qué bonito habría sido si así se quedaba.

Llegamos al hotel. Apenas tuve tiempo de aventar la maleta, entrar al baño y salir. Ahí conocí al dueño de la voz impaciente que me había marcado anteriormente. Bastó verlo para intuir una evidente dificultad para manejar conflictos. Él, en sí mismo, ya era un problema andando.

—Prende tu computadora y pon el video —fue lo primero que me dijo al darme la mano.

Sin "hola". Sin "¿cómo estás?", falto de educación por completo.

Corrió el video. Silencio. Rostro impávido, más máquina que humano.

—Está mal —dijo al final.

—¿Perdón?

—Que está mal. ¿Por qué tienes solo esto y por qué está así?

Expliqué con calma respecto al tema que se me cuestionaba y el alcance real de mi participación estando ahí. Me enfoqué en el entregable principal, que seguía la lógica previamente definida... o eso creía.

—Justo a eso vine —le dije—: a presentar, proponer y que juntos le demos un camino. No a sumar obstáculos.

—No. Esto es tu problema. Tú lo vas a resolver. Tenemos reunión con el cliente más tarde y tú explicarás todo esto que no estoy entendiendo.

Acababa de explicarle, pero no entendió o no quiso entender debido a sus demás preocupaciones. Nunca lo sabré.

Y de pronto, el problema que ya existía y por el que me habían mandado como bombero a mitigar el fuego ya era por completo mi problema y con esto el de la agencia donde trabajo. Hasta parecía que yo era el que llevaba meses ahí trabajando sin dar resultados. Pero bueno.

Le pedí *feedback*. Algo concreto.

—Habla con tu equipo —respondió—. Que te digan lo que ya habíamos hablado. Luego tú lo presentas. Dile a Ricardo que se venga a la reunión y que te explique todo.

¿Ricardo? Pensé. ¿Quién es? ¿Alguien más me tiene que aprobar? ¿O de qué habla? Pero preguntar habría sido como echarle gasolina al fuego —siguiendo en la línea de los bomberos—.

Antes de irse, remató:

—Estás muy joven.

Tomó sus cosas y se fue. Al menos se despidió. Para ese punto ya daba igual su falta de amabilidad. Ya me había dejado ese mal sabor de boca.

Hablé con mi jefe, con el equipo. Afinamos detalles con la información disponible. Me pusieron en contacto con el tal Ricardo. Entre revisiones y algo de comida rápida en el hotel, llegó la hora.

Se sumó Ricardo. Estrés al límite, pero buena persona; a la fecha sigo en contacto con él. Entendí rápido que lidiar con aquel personaje era parte de su rutina diaria y por eso vivía al borde del infarto entre café y cigarros.

Más tarde entramos a la reunión. Se tocaron mil temas fuera de agenda. Pasaron horas, se hizo de noche y hasta que la voz que me había juzgado desde el primer minuto se pronunció diciendo:

—Bueno, está aquí Alexis, él se va a encargar de presentar la bajada estratégica de los visuales del informe. Es quien está viendo eso.

En una oración pasé de ser el nuevo al responsable. Claro, nadie quería hacerse cargo de algo que ya era un desastre. Pero bueno, yo a lo mío.

—A ver, joven —dijo el cliente, con un tono completamente distinto, amable—. Muéstrenos.

Presenté. Corrió el video. Silencio. Miradas cruzadas. Nervioso, sí. Pero tranquilo por el trabajo realizado.

Hice énfasis en lo evidente: se trabajó con el tiempo y los recursos reales. Sin excusas.

—Muy bien —dijo el cliente—. Me gustó. Ajustemos esto y esto... Trabajemos sobre estos materiales; ya están avanzados.

Se intercambiaron ideas. Algunas inviables por tiempo. Expliqué. Y entonces, quien había sido mi opositor silencioso intervino, ahora con una sonrisa inesperada:

—Gracias, Alexis. Muy bien. Ya solo metamos lo necesario y listo, ¿va?

Lo miré, me quedé callado. No vine a tener conflictos. Vine a trabajar. El cliente validó. Punto.

Antes de cerrar la reunión, el cliente nos dio por terminada la reunión solo a nosotros; al parecer la noche era larga para ellos. Se levantó y dijo algo que se me quedó grabado:

—La gente joven trae ideas frescas. Estás muy joven, te felicito por tu trabajo. Pero quiero resultados... y esos no distinguen edad.

Se rio, me dio la mano, le pidió a una persona de su equipo que me compartiera contactos de gente que podría ayudarnos en esta tarea para agilizar los cambios, me indicó la oficina que podíamos usar y salí de esa reunión.

Ricardo, con quien había hablado poco, pero que había sido de gran apoyo moral en ese lugar porque al menos ya lo conocían, más relajado, aunque con esa preocupación interminable, me confesó que al principio también había dudado de mí por verme joven. Pero que era evidente que dominaba mi tema.

Pasaron varios días, claramente, antes de llegar al objetivo final. Algunos buenos, otros no tanto. Se logró con el esfuerzo de todos, unos más que otros. Pero me quedo con ese día porque fue el parteaguas.

Y toda esta situación al final la resumí en dos aprendizajes que quiero compartir.

El primero es que siempre habrá adversidades, sin importar qué tan organizado parezca un proyecto. Mantener la calma cuando todo parece hundirse es difícil, pero casi siempre las cosas encuentran salida. Y eso aplica en más que solo campañas.

El segundo es que la edad o la experiencia nunca deben convertirse en una sentencia de insuficiencia o de arrogancia. Todos estamos en constante crecimiento personal y profesional. Uno de los errores más grandes es creernos menos de lo que somos por los prejuicios de otros.

La capacidad de una persona no se mide por su apariencia, ni por sus años, ni por la percepción de quien no sabe escuchar.

Ya lo dijo un cantante puertorriqueño —sí, ese que estás pensando—, y que posiblemente te sepas por lo menos el corito de alguna de sus canciones: "Tú también deberías creer en ti. Vales más de lo que piensas."

En efecto, soy *millennial.*

Y sí, cerré con una frase de Bad Bunny.

ELECCIONES DE MITAD DEL MANDATO EN ESTADOS UNIDOS: UNA CONVERSACIÓN QUE QUIZÁ YA OCURRIÓ... O ESTÁ POR OCURRIR

Martha Hernández

Recuerdo que aquella tarde el café no estaba particularmente lleno. Afuera, la ciudad seguía su ritmo habitual, pero en nuestra mesa parecía que el tiempo se detenía, como si lo que estábamos a punto de decir tuviera implicaciones más allá del momento. Sostenía mi taza de té cuando Javier Maza comenzó a hablar, con esa claridad que no deja espacio para la ambigüedad.

—En un contexto y coyuntura bastante complejo y cambiante en Estados Unidos —dijo, sin rodeos—, este año están programadas las elecciones de mitad del mandato, que son absolutamente claves porque se renueva totalmente la cámara baja y un tercio del Senado.

Hizo una pausa breve, como midiendo el peso de la siguiente pregunta.

—La gran pregunta es: ¿Cómo llegan los demócratas a estas elecciones de mitad de término?

No era una pregunta menor. Y en realidad, más que una pregunta, parecía el inicio de algo que ya se estaba escribiendo.

Fortaleza demócrata en las elecciones de mitad del mandato

Recuerdo que Javier apoyó ligeramente los codos sobre la mesa, como si estuviera acomodando el tablero antes de mover una pieza.

—Los demócratas llegan a las elecciones de medio término en noviembre muy sólidos —explicó—, ya que históricamente siempre, siempre, el partido oficialista pierde las elecciones de mitad de mandato.

Lo dijo con énfasis, casi como una regla no escrita.

—Solo con 2 o 3 excepciones en los 250 años de elecciones de los Estados Unidos, es prácticamente una tradición política... Tienen un valor de referéndum, miden el humor ciudadano. Es así como el gobierno pierde escaños tanto en la cámara alta como en la cámara baja. Lo que es histórico es que en las elecciones de medio término el gobierno nacional pierde la mayoría en la cámara baja.

Mientras lo escuchaba, pensé que más que describir un fenómeno, estaba narrando una inercia histórica imposible de detener.

—Lo excepcional —continuó— sería que el tercio del Senado también lo pierda.

Di un sorbo a mi té. En ese momento, Fernando Escalante, que había estado escuchando con atención, intervino por primera vez, inclinándose ligeramente hacia delante.

—Y, aun así —añadió—, los demócratas llegan con confianza. No solo por la oposición a todo lo que se le pueda criticar a Trump, que es bastante, sino por el contexto.

Javier asintió, y retomó con precisión:

—Hay un descontento popular muy grande en cuanto al manejo de la economía y la inflación. La última encuesta publicada el domingo 18 de enero por CBS tiene el 59 % de desaprobación.

Fernando levantó la mirada, como reforzando el dato.

—Históricamente, un presidente de Estados Unidos en su primer año de mandato no había tenido tan alta desaprobación —agregó Javier—, incluidos demócratas, republicanos e independientes.

Hubo un silencio breve.

—Es evidente que la economía es uno de los puntos débiles en este momento. Tiene más desaprobación en la gestión de la economía, que es más del 63 por ciento, que de las redadas de los migrantes, que es de un 59 %.

Recuerdo que en ese instante Javier fue más directo:

—Uno de los puntos más importantes para que el voto se le vaya a Trump es el tema económico y la inflación.

La economía, la inflación

Fernando tomó la palabra casi de inmediato, como si esa línea le abriera un argumento que venía preparando.

—En varias encuestas ya se viene mostrando una tendencia de marcha atrás de lo que fue el voto latino hacia Donald Trump —dijo—, y ahora se ve un giro hacia los demócratas.

Javier lo miró, dejando que continuara.

—Y es por dos razones —añadió Fernando—: el manejo de la economía y la inflación. Más o menos un 65 % del electorado desaprueba ese tema, que siempre fue un punto fuerte de Trump, y ahora, a un año de su gestión, son puntos débiles.

Javier retomó:

—Tiene más desaprobación que el manejo de la inmigración... las redadas, deportaciones, etcétera.

Y como si necesitara dejarlo completamente claro, precisó:

—La última encuesta de CBS muestra que el 61 % es el porcentaje de desaprobación de la gestión en economía y el 65 % es el número de desaprobación de la inflación en este primer año de gestión gubernamental de Donald Trump.

Recuerdo que entonces Javier dijo algo que se quedó flotando en la mesa:

—Es así como el punto más sensible para que el voto se le vaya al presidente de los Estados Unidos es el bolsillo... el primer metro cuadrado de los ciudadanos.

Datos que empiezan a contar otra historia

Recuerdo que Fernando, con precisión técnica, comenzó a desplegar cifras que no dejaban mucho espacio para la interpretación:

—Encuestas recientes de Pew muestran que el 70 % de los latinos desaprueba la forma en que Trump está manejando su trabajo como presidente. El 65 % desaprueba el enfoque hacia la inmigración, y el 61 % dice que sus políticas económicas han empeorado las condiciones económicas.

Hizo una pausa.

—Aunque la opinión sigue dividida según cómo votaron en 2024.

Luego avanzó hacia ejemplos concretos:

—En Nueva Jersey, en elecciones para gobernador, el 68 % de los latinos apoyó a la candidata demócrata Mikey Sherrill, quien derrotó al republicano respaldado por Trump.

Javier lo escuchaba con atención.

—Sherrill logró voltear al 18 % de los votantes latinos que habían votado por Trump en 2024 —continuó Fernando—. Cada condado que votó demócrata en 2025 votó más demócrata que en 2024.

Y entonces vino el dato más ilustrativo:

—En Passaic, con una población hispana del 70 %, Trump ganó en 2024... pero en 2025 el condado regresó a los demócratas.

Javier intervino:

—Ese tipo de cambios... aunque sean del 15 %, pueden significar pérdidas en zonas republicanas.

Fernando asintió:

—Y en Virginia, Abigail Spanberger ganó el 67 % del voto latino. El 65 % desaprobó a Trump, con la economía como principal preocupación.

Venezuela, Groenlandia... y la narrativa

Hubo un momento en que la conversación se desplazó hacia el plano internacional.

—Venezuela y Groenlandia —dijo Javier— ahora están en el foco.

Fernando sonrió ligeramente.

—Los venezolanos celebraron —continuó Javier—, pero el interés era el petróleo. Y siguen gobernando los mismos.

—Trump negocia con la presidenta encargada que él mismo designó —añadió—, una de las alas más duras del chavismo.

Y entonces:

—El ninguneo a María Corina Machado y a Edmundo González tiene un mensaje claro. En poco más de 15 días se dejó de hablar del tema.

Fernando intervino:

—Y ahora hablamos de Groenlandia.

Javier respondió:

—Muchos latinos ni siquiera ubican dónde queda Groenlandia. Venezuela les era más cercana.

Y remató:

—Nadie aprecia lo que no conoce.

La economía cotidiana... y las decisiones reales

Fernando volvió al terreno doméstico:

—El 78 % de los adultos hispanos dice que las condiciones económicas son regulares o malas.

Javier agregó:

—El 61 % cree que las políticas de Trump han empeorado la economía.

Fernando continuó:

—La gente está pensando en cómo pagar la renta, la hipoteca, el auto.

Luego fue más directo:

—El proyecto de ley "grande y hermoso" le dio a ICE el mismo presupuesto que el ejército canadiense... recortes fiscales al 1 %... y aumentó los costos de Obamacare.

Javier asintió:

—Y dejó a miles sin cobertura.

El voto latino se unificó

No sé en qué momento la conversación dejó de ser análisis y empezó a sentirse como advertencia.

Fernando intervino:

—El voto latino en Estados Unidos es increíblemente diverso —dijo—, incluso más diverso de lo que es en países de América Latina.

Javier asintió, pero matizó:

—Sí, pero ahora hay algo distinto. Antes, cada latino votaba muy diferente. Ahora hay una unificación más... por el miedo.

Fernando apoyó esa idea:

—Las redadas, la persecución, los arrestos, las deportaciones masivas... eso está generando una preocupación común.

Recuerdo que Javier fue muy claro:

—Ya no hay casi diferencias por ideologías. Ahora la preocupación es mayor. Es: no me siento seguro en las calles de mi ciudad y de mi país.

Y ese punto, lo sabíamos todos en la mesa, cambia cualquier elección.

Temas de interés del voto latino

La conversación regresó a lo esencial.

Fernando tomó la palabra con firmeza:

—Lo que los votantes latinos quieren ver es, primero que nada, la asequibilidad. Cómo hacer las cosas más accesibles sin imponer aranceles ni amenazar a aliados.

Javier escuchaba con atención.

—Y luego —continuó Fernando—, la forma en que la inmigración e ICE han sido militarizados. Hemos visto una fuerza policial federal militarizada en ciudades, criminalizando a los inmigrantes. Ha sido realmente repugnante de ver.

Recuerdo que el tono cambió ligeramente. Se volvió más directo, más crítico.

—Una de las únicas leyes reales que se firmó —añadió— fue el proyecto de ley "grande y hermoso", que le dio a ICE la misma cantidad de fondos que todo el ejército canadiense... y dio recortes de impuestos al 1 % más privilegiado.

Javier intervino:

—Y subió los precios de Obamacare.

Fernando asintió.

—Y dejó a miles sin cobertura.

Hubo un silencio. De esos que no necesitan explicación.

El juego de distracción

Hubo un momento en que la conversación se volvió más incómoda, más profunda.

—Trump está inundando la zona —dijo Fernando—.

Javier lo miró, sabiendo hacia dónde iba.

—Crea un entorno mediático caótico donde la gente no sabe a qué responder primero —continuó—. Groenlandia, retórica, distracciones.

Y luego, con claridad absoluta:

—Está usando humo y espejos para cambiar la conversación a lo que él quiera.

Recuerdo que en ese instante entendí que no hablábamos solo de una elección... sino de una forma de ejercer el poder.

Lo que viene

El café ya estaba casi vacío. Afuera, la tarde comenzaba a caer.

—Los estadounidenses quieren atención médica asequible —dijo Javier—. Quieren poder comprar una casa. Poder vivir.

Fernando añadió:

—Y Trump ha demostrado que no tiene un plan claro para eso.

Hubo un último silencio, más largo que los anteriores.

—La economía parece ser el tema número uno —dijo Javier finalmente—. Y será interesante ver cómo los demócratas aprovechan este momento rumbo a las elecciones de medio término.

Recuerdo que nadie dijo nada después de eso.

Solo quedó la sensación —difícil de explicar— de que, en esa mesa, no estábamos analizando el futuro.

Hubo un silencio.

Y en ese silencio, lo entendí.

No sabíamos si estábamos recordando algo... o anticipándolo.

EL SECRETO DEL 2X1: CÓMO MOVILIZAR UNA ELECCIÓN CON ALGO QUE NUNCA EXISTIÓ

David García

Hay campañas que se construyen con discursos.

Discursos largos, bien escritos, pensados para convencer, para emocionar, para generar identidad. Otras, con estructura.

Con operación territorial, con datos, con mapas, con control del territorio y disciplina organizativa.

Pero hay algunas... que se mueven con una sola idea.

Una idea tan simple, que parece inofensiva.

Tan cotidiana, que nadie la cuestiona.

Tan lógica, que se acepta sin resistencia.

Tan poderosa, que termina cambiando el comportamiento de miles de personas sin que lo noten.

Esta es una de esas historias.

O tal vez no.

Porque hay historias que no necesitan ser comprobadas para ser efectivas. Solo necesitan ser creíbles.

El problema real nunca fue el candidato

En una elección importante, en un estado clave del país, todo parecía estar bajo control.

No era una campaña improvisada.

No era un experimento.

Era una operación sólida.

El posicionamiento estaba hecho.

El reconocimiento existía.

La base estaba construida.

El candidato no tenía problemas de conocimiento.

No tenía rechazo crítico.

No tenía un adversario que dominara la narrativa.

Durante meses, el equipo había trabajado con precisión quirúrgica.

No había espacio para errores.

No había improvisación.

- Brigadas en tierra levantando datos, tocando puertas, registrando rostros, nombres, hábitos.
- Estrategias digitales captando interacción, afinando mensajes, identificando comportamientos.
- Equipos electorales afinando operación, midiendo tiempos, ajustando rutas, corrigiendo desviaciones.

Todo estaba medido.

Todo estaba controlado.

El resultado era contundente:

Decenas de miles de contactos reales.

Números telefónicos verificados.

Conversaciones activas.

Personas identificadas como afines.

Una comunidad lista.

Una comunidad que decía "sí".

Pero había un problema.

Y era el más peligroso de todos:

La gente sí apoya... pero no necesariamente vota.

Y esa diferencia...

Es la que decide elecciones.

El enemigo invisible: la comodidad

Las proyecciones eran claras.

Demasiado claras.

La participación sería baja.

Como casi siempre.

Porque el verdadero adversario no era otro candidato.

No era una campaña mejor ejecutada.

No era un error estratégico.

Era la apatía.

Esa fuerza silenciosa que no se combate con discursos.

Que no responde a propaganda.

Que no se moviliza con ideología.

- El "ahorita voy" que nunca llega.
- El "sí voy a votar" que se queda en intención.
- El "me da flojera salir" que decide elecciones.

Ese momento exacto en el que alguien decide quedarse en casa... y sin saberlo, define un resultado.

Y entonces surgió la pregunta que cambia campañas.

No la pregunta evidente.

No la pregunta técnica.

La pregunta incómoda.

¿Cómo haces que alguien se levante, salga de su casa... y actúe?

No con ideología.

No con spots.

No con promesas.

Con algo mucho más básico.

Mucho más primario.

Mucho más humano:

Incentivo inmediato.

La idea que nadie vio venir

No fue un plan complejo.

No hubo presentaciones interminables.

No hubo mesas de análisis ni modelos sofisticados.

No fue una estrategia institucional.

No estaba en ningún documento oficial.

Fue algo más peligroso:

Una idea sencilla.

De esas que surgen en el momento menos esperado.

De esas que, cuando alguien la dice, nadie la toma completamente en serio… al principio.

El concepto era claro.

2x1 por votar.

Nada más.

Sin narrativa política.

Sin carga ideológica.

Sin confrontación.

Solo una promesa implícita.

Un beneficio inmediato.

Una recompensa tangible.

Algo que cualquiera entiende.

Algo que cualquiera quiere.

La narrativa que lo detonó todo

El mensaje no se lanzó.

Se soltó.

No como campaña.

No como propaganda.

No como algo oficial.

Como recomendación.

Como rumor.

Como secreto.

Como algo que "alguien te cuenta".

Y eso cambió todo.

Porque cuando algo parece institucional, se cuestiona.

Pero cuando parece cercano… se cree.
En el cine:
"Si llevas tu dedo marcado, los boletos están al 2x1."
En cafeterías:
"Te dan un café y una dona gratis mostrando tu dedo."
En restaurantes:
"Desayuno 2x1 si ya votaste."
Nadie lo firmó.
Nadie lo confirmó.
Nadie lo desmintió.
Nada oficial.
Nada comprobable.
Pero lo suficientemente creíble.
Porque no apelaba a la política…
Apelaba al beneficio.
Y en ese terreno… la gente no duda tanto.

La maquinaria invisible

La operación no fue escandalosa.
No hubo grandes eventos.
No hubo anuncios visibles.
Fue silenciosa.
Pero masiva.
Diseñada para parecer orgánica.
Para parecer espontánea.
Para parecer real.

- Mensajes de texto que parecían personales.
- Audios reenviados en WhatsApp con tono cotidiano.
- Llamadas automatizadas que sonaban cercanas.
- Publicaciones en páginas alternas, no oficiales.

Todo construido con un solo objetivo:

Que la gente creyera que era real.
No que lo verificara.
No que lo confirmara.
Que lo creyera.
Y eso fue suficiente.

El día que la gente salió… por algo más

Desde temprano, algo se sentía distinto.
No era evidente al principio.
Era sutil.
Pero estaba ahí.
Más movimiento.
Más actividad.
Más personas en la calle.
Más conversaciones.
No era entusiasmo político.
No era convicción ideológica.
Era expectativa.
Familias completas saliendo juntas.
Amigos organizándose.
Grupos coordinándose sin saber exactamente por qué.
Personas que normalmente no participaban… ahora sí.
Pero no iban pensando en política.
Iban pensando en el beneficio.

Las filas que no estaban en las casillas

Y entonces pasó algo que nadie esperaba… o tal vez sí.
Las filas empezaron a aparecer.
Pero no solo en las urnas.
En cafeterías:
Personas mostrando su dedo, esperando su café y su dona.
En cines:
Gente preguntando por el famoso 2x1.

En restaurantes:
Familias reclamando promociones que “les habían dicho”.
Y entonces, lo inevitable:
Confusión.
Molestia.
Desconcierto.
Porque nadie sabía de qué estaban hablando.
Porque nadie había autorizado nada.
Porque nadie estaba preparado para eso.
Porque ese beneficio…
Nunca existió.

La estrategia de la confusión

No fue un error.
No fue un accidente.
No fue un mal entendido.
Fue diseño.
No se vendió un producto.
Se vendió una idea.
No se ofreció un beneficio.
Se generó una expectativa.
No se premió al votante.
Se le empujó a actuar.
Y en ese pequeño espacio…
Entre lo que crees y lo que haces…
Se decidió el resultado.

Lo que sí fue real

La gente salió.
La gente votó.
La gente mostró su dedo marcado.
El incentivo desapareció.
La promoción nunca se materializó.

Pero el objetivo se cumplió.
Porque en política...
Hay algo más poderoso que la verdad:
La percepción.

La lección que incomoda

Las campañas modernas ya no se ganan solo con estructura.

Se ganan entendiendo comportamiento humano.
Se ganan entendiendo decisiones pequeñas.
Se ganan entendiendo momentos invisibles.
Y a veces, mover a miles de personas...
No requiere millones en inversión.
No requiere discursos perfectos.
No requiere estrategias complejas.
Requiere una historia suficientemente creíble...
Para que alguien decida actuar.

El cierre que no te voy a explicar

Imagínate este capítulo que hoy te pongo.
Tal vez sí.
Tal vez lo imaginé.
Tal vez es una estrategia que existió...
O tal vez es una que podrías ejecutar mañana.
Tal vez te convence.
Tal vez te incomoda.
Tal vez te hace dudar.
No sabemos si es verdad.
No sabemos si es mentira.
Pero si algo sí te puedo decir con certeza es esto:
Créeme... funciona.

MUJERES CON VOZ Y PODER. LLEGAR NO ES SUFICIENTE: LOS DESAFÍOS DEL LIDERAZGO POLÍTICO DE LAS MUJERES

Ángela Ramírez

En mi trayectoria como activista por los derechos humanos de las mujeres, me he formado en diversos temas relacionados con derechos humanos, feminismo e igualdad. En este camino —a veces sinuoso, pero profundamente enriquecedor— he encontrado conceptos que buscan nombrar realidades complejas, dar contexto a las luchas históricas y, sobre todo, abrir la conversación sobre múltiples problemáticas.

La participación de las mujeres en puestos clave para la toma de decisiones ha sido una de las principales demandas de los movimientos feministas a nivel mundial, como parte esencial de la lucha por fortalecer su papel en todos los ámbitos.

Como resultado de cambios en políticas públicas, leyes y marcos normativos en México y en otros países de Latinoamérica, hemos logrado acceder a espacios de representación. Sin embargo, aunque estos avances son fundamentales, no son suficientes.

En este sentido, los partidos políticos juegan un papel clave al generar mecanismos para que las mujeres accedan a candidaturas y espacios de representación. No obstante, en la práctica, muchas de sus dinámicas no nos favorecen: desde los horarios de reuniones hasta los espacios informales donde se construyen redes y alianzas de poder. Estos entornos no están diseñados pensando en la participación de las mujeres, lo que limita nuestro acceso real a la toma de decisiones.

En una de mis primeras experiencias como consultora en política digital, trabajé con una candidata que buscaba hacer historia como la primera mujer en reelegirse como diputada local. Al inicio del proyecto, fui convocada a todas las reuniones del llamado "cuarto de guerra"; sin embargo, una vez que la campaña arrancó formalmente, dejé de ser incluida en estos espacios.

Esta exclusión no solo limitó mi capacidad de aportar estratégicamente, sino que evidenció una práctica común: es muy difícil construir una campaña sólida cuando no se tiene acceso al intercambio de ideas, al pulso interno del equipo y a la toma de decisiones. Al quedar fuera de estos espacios, mi trabajo se fragmentó y, con el tiempo, la campaña reflejó desorganización y falta de coherencia.

Existen técnicas o prácticas de dominación que Berit Ås, psicóloga social y política noruega, identificó en la década de 1970 para frenar el liderazgo, la participación y la influencia de las mujeres en la esfera pública y política:

- Invisibilidad.
- Ridiculización.
- Retención de información.
- Doble castigo.
- Culpar y humillar.
- Cosificación de la mujer.
- Uso de diferentes violencias.

En la práctica, estas técnicas se manifiestan al ignorar las aportaciones o la presencia de las mujeres; burlarse de ellas mediante estereotipos; excluirlas de círculos de información clave; no convocarlas a reuniones importantes o negarles acceso a datos necesarios, colocándolas en desventaja. También se expresan al juzgar sus decisiones, clasificándolas como "agresivas" o "débiles"; hacerlas responsables de problemas fuera de su control; o referirse a su apariencia, su vida personal o su forma de vestir en lugar de reconocer su capacidad intelectual o liderazgo. Finalmente, estas prácticas incluyen distintos tipos de violencia: física, verbal, emocional, sexual, simbólica y digital.

En el libro Los hombres me explican cosas (2014), Rebecca Solnit describe otra de estas prácticas: el *mansplaining*, que ocurre cuando un hombre explica algo a una mujer de manera paternalista y condescendiente, asumiendo que ella no tiene conocimiento sobre el tema, incluso cuando puede saber más que quien explica.

Ella tiene una anécdota muy interesante: cuando había escrito un libro y asistió a una reunión, un hombre comienza a referirse al libro que ella había escrito; una amiga señaló: "Ella es la autora del libro, pero el caballero lo ignoró y siguió explicando.

Al impulsar cambios en políticas públicas y procesos de acceso al poder, es indispensable incorporar el eje cultural. Si no transformamos la cultura junto con las normas, será difícil que los liderazgos políticos de las mujeres tengan el mismo reconocimiento que los de los hombres.

El Programa de las Naciones Unidas para el Desarrollo señala que "la mitad de la población mundial sigue creyendo que los hombres son mejores líderes políticos que las mujeres, y más del 40 % considera que son mejores ejecutivos".

Estos prejuicios alimentan estereotipos de género profundamente arraigados: ideas generalizadas sobre cómo "son" los hombres y las mujeres. Así, el liderazgo suele asociarse con lo masculino, vinculando a los hombres con el espacio público y político, mientras que a las mujeres se les sigue ubicando en el ámbito doméstico o privado.

Las mujeres enfrentan, además, otros obstáculos en la política: los techos, paredes y precipicios de cristal.

El techo de cristal se refiere a esas barreras invisibles que impiden a las mujeres acceder a los niveles más altos de liderazgo.

Aunque en apariencia no existen restricciones, en la práctica sí las hay: muchas mujeres avanzan hasta mandos medios, pero encuentran límites estructurales que frenan su crecimiento, a diferencia de sus pares hombres.

He observado cómo muchas mujeres avanzan dentro de las organizaciones, pero enfrentan estas barreras cuando buscan acceder a espacios de mayor toma de decisión.

En Coahuila, mi estado natal, en 2024 se marcó un hecho histórico: la diputada Luz Elena Morales Núñez se convirtió en la primera mujer, en más de 200 años, en presidir la Junta de Gobierno del Congreso. Su designación fue resultado de acuerdos entre las fracciones parlamentarias de la alianza que la postuló.

Este logro representa un avance significativo, pero también evidencia que el acceso de las mujeres a los espacios más altos de poder sigue siendo excepcional.

Cifras relevantes

Según la Unión Interparlamentaria y ONU Mujeres:

- Las mujeres ocupan solo el 22.4 % de los cargos ministeriales a nivel mundial.
- Representan el 27.5 % de los escaños parlamentarios.
- Solo el 19.9 % de los parlamentos están presididos por mujeres.
- El 75 % de las parlamentarias ha sufrido violencia o amenazas públicas.

Cuando las mujeres son excluidas del liderazgo político, las decisiones sobre economía, seguridad y paz se toman sin considerar la experiencia de la mitad de la población.

Aun cuando logran romper el techo de cristal, enfrentan las paredes de cristal, que las encasillan en áreas tradicionalmente feminizadas, como familia o igualdad, mientras los hombres dominan sectores estratégicos como economía, seguridad o justicia.

También existen los precipicios de cristal, término descrito por Michelle Ryan y Alexander Haslam en 2005, que se refiere a cuando se ofrecen posiciones de liderazgo a las mujeres cuando la situación es peligrosa, delicada o crítica. Muchas veces los partidos políticos o los gobiernos ofrecen puestos de poder cuando el riesgo de fracaso es alto o en momentos de crisis. Eso alimenta la idea de que las mujeres "no están hechas para la política", reforzando el estereotipo. Un ejemplo contemporáneo que ha sido analizado desde esta perspectiva es el ascenso de Kamala Harris como candidata presidencial del Partido Demócrata en Estados Unidos tras retirarse Joe Biden de la candidatura por la reelección presidencial; ilustra perfectamente este fenómeno. Muchas personas se preguntan por qué no fue candidata desde el principio, considerando la avanzada edad de Biden y su estado de salud. Parece que solo una crisis política de esta magnitud permitió que una mujer, y además una mujer afroamericana, fuera considerada seriamente como candidata a la presidencia.

Ryan explica además que el fenómeno puede distorsionar la percepción de las capacidades de liderazgo de las mujeres. Cuando las empresas o instituciones funcionan peor bajo el liderazgo de una mujer, se tiende a culparla, ignorando que muchas veces fueron puestas en situaciones que ya eran desfavorables.

Además, otro obstáculo es la violencia política para presionar a las mujeres en todas sus formas, siendo uno de los principales motivos por los que las mujeres abandonan su camino en la política. En resumen: el problema con los liderazgos de las mujeres no son las mujeres, sino todos los factores externos, paredes, techos y precipicios de cristal, sumados a la cultura y las prácticas de las organizaciones en general.

El cambio es posible, así lo refiere ONU Mujeres; sin embargo, requiere de un compromiso fuerte de la sociedad en general, con la educación como ancla y la implementación de políticas que fomenten la igualdad de género, y cambios a nivel legislativo que reconozcan los derechos de la mujer en todas las esferas de la vida, y una mayor representación en la toma de decisiones y en los procesos políticos.

El verdadero desafío del liderazgo político de las mujeres no es solo llegar al poder, sino ejercerlo en igualdad y sin violencia.

La diferencia de hacer política se ve muy diferente para las mujeres que para los hombres. Las mujeres enfrentamos obstáculos a nivel interpersonal (estereotipos de género) como intrapersonal (dudando de nuestras propias capacidades); estas barreras se encuentran profundamente arraigadas en las estructuras organizacionales y en las creencias culturales sobre el rol de las mujeres en el liderazgo.

Las mujeres debemos identificar nuestras creencias limitantes que nos llevan a autocuestionarnos a la hora de liderar; esta situación obliga a fortalecer la autoconfianza que habita en cada mujer y desvanecer con una transformación de pensamiento aquellas creencias que frenan su desarrollo personal y profesional.

Indicadores que con frecuencia ocurren son, por ejemplo, cuando las mujeres no sabemos ponerle "precio" a nuestro trabajo o hacerlo por menos de lo que vale; no hablar de lo que esperamos recibir a cambio del esfuerzo o el trabajo realizado; nos sentimos tan agradecidas que no negociamos.

Limitaciones autoimpuestas por sentimientos, sobre todo de culpa; sentimos que somos malas madres, hijas, esposas y dejamos pasar oportunidades, algunas por no sentirnos preparadas, además de que priorizamos siempre el bienestar de las demás. Nos cuesta hablar de nosotras porque confundimos la humildad con la invisibilidad y creemos que mostrarnos es síntoma de vanidad; creen que cuando una mujer da a conocer sus logros, incluso, lo hace por falta de atención.

La trampa del perfeccionismo es un indicador que se refiere a cuando las mujeres creemos que tenemos la obligación de lograr todo en la primera oportunidad, ya que las mujeres hemos sido educadas con el sesgo de aspirar a la perfección, sumado a la autosaboteadora, y finalmente el famoso "síndrome de la impostora", que se manifiesta cuando nos enfrentamos a un logro (ascenso, premio, reconocimiento, oferta laboral); no nos sentimos merecedoras. Minimizamos el trabajo que hacemos. Los hombres suelen atribuir sus éxitos a sus propias habilidades, las mujeres a la suerte o la ayuda recibida. Todos estos fenómenos tienen en común que, por esta razón, sumado a los estereotipos de género, las mujeres desvalorizamos nuestros logros y no comunicamos para no llamar la atención.

Una de mis clientas llegó conmigo a partir de un comentario que le hizo su esposo, quien se dedica al ámbito de la comunicación: le señaló que, a pesar de todo el trabajo que realiza, prácticamente nadie conoce sus logros ni la magnitud de las actividades que lleva a cabo, especialmente aquellas que hace de manera voluntaria.

Esto le generaba un conflicto importante, porque para ella el voluntariado tiene un valor profundamente personal y ético; siente que, al no haber una remuneración de por medio, no debería hacerse visible ni "presumirse". Su motivación es la satisfacción de ayudar y ser congruente con sus valores, no el reconocimiento público.

Sin embargo, esta postura la coloca en una tensión constante entre su deseo de mantenerse discreta y la necesidad —cada vez más evidente— de visibilizar su trabajo y sus logros.

Este caso refleja una tensión común en muchas mujeres: el conflicto entre la autenticidad, la ética personal y la necesidad de visibilizar el propio trabajo como parte del ejercicio del liderazgo.

Algunas recomendaciones para combatir estos obstáculos externos que tienen que ver con las políticas, prácticas, prejuicios, procesos, techos, paredes, precipicios, y también con estos obstáculos internos de no saber poner condiciones, ponernos en segundo lugar, no confiar en nosotras mismas, creer que porque algo no salió perfecto no valió la pena, que, si tenemos un reconocimiento, no nos lo merecíamos. ¿Cómo hacer para combatir esto que nos sucede tanto a nivel externo como a nivel interno y que es negativo para nuestro liderazgo?

1. Si te ofrecen un lugar, acepta.
2. Pide lo que quieren en voz alta.
3. Haz todo lo posible por sentarte en la mesa donde se discuten y se toman las decisiones y participa.
4. No te olvides del *networking* o experiencias de intercambio.
5. Aprende a poner límites y a aprender a decir que no.
6. Ejercita tu inteligencia emocional.
7. Comunica y visibiliza tus logros.
8. Suma e impulsa a más mujeres.

En el ideal, al seguir estas recomendaciones, el liderazgo se puede alcanzar y sostener; sin embargo, es posible que las cosas no necesariamente salgan bien, pero dejemos de creer que todo va a salir perfecto a la primera; recordemos que siempre nos queda la experiencia.

Es evidente que la participación política de las mujeres en la toma de decisiones desde cargos de elección popular fortalece la democracia y a la sociedad en general, teniendo resultados positivos para la democracia y la población. Además de que han trabajado arduamente para que los intereses y las preocupaciones de las y los ciudadanos se vean reflejados en las políticas públicas, promoviendo mayor participación ciudadana y mayor confianza en las instituciones.

La presidenta Claudia Sheinbaum Pardo presentó un posicionamiento en donde señala que México es uno de los países líderes en participación política de las mujeres. De acuerdo con evaluaciones de la Organización para la Cooperación y el Desarrollo Económico (OCDE), el informe coloca al país entre las naciones con mayor presencia de mujeres en espacios de toma de decisión, particularmente en el Congreso y en gobiernos locales, donde la participación ha crecido de forma sostenida. México alcanza el 50 por ciento en paridad política, tanto en el Congreso federal como en los congresos estatales, mientras que el promedio mundial es de 34 por ciento.

Sin embargo, expertos señalan que, pese a los avances, aún existen retos importantes como la violencia política de género y la necesidad de asegurar condiciones equitativas para el ejercicio pleno de los cargos. Es imperativo promover la formación de liderazgos políticos femeninos y vigilar que se respeten sus derechos políticos, ya que mientras la violencia política continúe sin ser reconocida, seguirá existiendo la desigualdad entre mujeres y hombres.

El verdadero desafío del liderazgo político de las mujeres no es únicamente acceder al poder, sino ejercerlo en condiciones de igualdad y libre de violencia.

Si bien México ha logrado avances importantes en materia de paridad, el reto sigue siendo garantizar que esa representación se traduzca en condiciones reales de participación, reconocimiento y seguridad para las mujeres. Solo así podremos hablar de una democracia verdaderamente incluyente.

INTRUSA EN EL CÍRCULO ROJO: CUANDO BUSCAR EL CAMBIO ES UN ACTO IMPERDONABLE.

Boris Dedoff[2]

I. La arquitectura del canibalismo

En el ecosistema político, hay sistemas de representación diseñados para construir consensos y otros, mucho más perversos, diseñados para devorar el alma de quienes participan en ellos. Nosotros estamos atrapados en este último. Las elecciones municipales de esta ciudad operaban bajo una arquitectura electoral implacable, una trampa de dos filos para cualquiera que aspirara a sentarse en la junta municipal.

Por un lado, la distribución del poder en las juntas municipales y el congreso se rige por el inclemente sistema D'Hondt. Esta fórmula matemática es la encargada de calcular y definir la cantidad exacta de escaños que le corresponden a cada lista, en proporción directa a los votos totales obtenidos por la facción. La lógica de supervivencia indicaría que todos los miembros de un mismo partido deben trabajar unidos, codo a codo, para inflar ese número global y asegurar la mayor cantidad de sillas posible.

Pero el veneno de esta elección residía en el segundo filo: las listas cerradas pero desbloqueadas.

---

[2] Los nombres, fechas y lugares de este relato han sido modificados para proteger la identidad de las personas involucradas… pero en la política, tarde o temprano se revela la verdad. N. del A.

Bajo esta regla, si el sistema D'Hondt determina que a tu lista le tocan tres curules, esos espacios no se asignan al orden jerárquico original. El elector tiene el poder de marcar su preferencia individual dentro de la lista elegida, reordenando la ubicación final de los candidatos. En la teoría democrática, es un mecanismo hermoso que empodera al ciudadano. En la práctica del "cuarto de guerra" de una campaña, es un coliseo romano a puertas cerradas.

Este mecanismo de desbloqueo es el que instaura el verdadero terror, transformando a tus propios compañeros de equipo en tus peores enemigos. Ya no te basta con vencer al partido contrario para ganar los escaños; tu urgencia vital pasa a ser la de fagocitar los votos del candidato que te sonríe al otro lado de la mesa de estrategia. Si quieres sobrevivir, tienes que asegurarte de aplastar a los tuyos para quedar en lo alto del reordenamiento. Es un diseño estructural que aniquila el compañerismo y cultiva una paranoia asfixiante. Y fue precisamente en este lodo de desconfianza endémica donde los manipuladores de esta historia encontraron el terreno perfecto para jugar con las mentes de los candidatos.

En medio de este fuego cruzado, yo actuaba como consultor general de Noemí, una candidata a concejal por una coalición de agrupaciones menores que llamábamos la "Tercera Fuerza". Noemí era una lideresa nata: frontal, valiente, con un compromiso verdadero e inclaudicable con la gente de lucha. Su naturaleza independiente le otorgaba una credibilidad inmensa frente a una ciudadanía harta, pero esa misma luz propia la convertía en una intrusa imperdonable, una pieza que la casta política tradicional necesitaba destruir antes de que desacomodara su tablero.

El tablero estaba dispuesto. Para vencer al partido oficialista en la intendencia, no había otra matemática que la unidad de la oposición, pues la ausencia de balotaje dictaba que cualquier dispersión de votos mantendría a los de siempre en el poder. Así nacieron las "Mesas de Diálogo", orquestadas por la Segunda Fuerza, el partido tradicional de oposición.

Pero estas mesas tenían un fin oculto que conectaba directamente con la carnicería de las listas legislativas. La excusa pública de la Segunda Fuerza era buscar un candidato único a la intendencia, pero su verdadera intención era imponer una "concertación" que obligara a unificar también las listas a la junta municipal.

Querían meter a todos los candidatos a concejales de la oposición en una misma bolsa, forzándolos a competir bajo el cruel sistema de listas desbloqueadas. Para la Tercera Fuerza, que carecía de las inmensas maquinarias clientelares y padrones de los partidos tradicionales, esto significaba el exterminio. Al ir a una interna conjunta, la maquinaria de la Segunda Fuerza acapararía los votos preferenciales, fagocitando los curules de los movimientos independientes.

Aquí es donde Noemí trazó su línea en la arena. Su objetivo innegociable era lograr que las listas a la junta municipal no se tocaran. Ella propuso que la unidad opositora se hiciera bajo la figura de una alianza, donde los espacios legislativos de cada partido están predefinidos y blindados, enfocando todo el esfuerzo de consenso exclusiva y únicamente en elegir un candidato único para la intendencia.

Este fue su "pecado". Al negarse a entregar a sus concejales al matadero de la Concertación, Noemí se convirtió en el blanco a destruir. Y para lograrlo, los operadores de la Segunda Fuerza infiltraron su entorno y el de sus aliados con personas que fungían de asesores, estrategas o simples confidentes "preocupados".

Uno de estos personajes disruptivos era "Jorge", un supuesto político que operaba más como un francotirador que como un aliado. Jorge no asesoraba a nadie ni formaba parte de las mesas de trabajo; su modus operandi consistía en atacar de manera sistemática y virulenta a todos los candidatos de la oposición. Nunca quedó del todo claro si era un sicario a sueldo financiado por el oficialismo para sembrar el caos, o simplemente un pirómano guiado por el ego, pero sus intervenciones tenían un objetivo indiscutible: buscar la destrucción absoluta de cualquier candidatura opositora que no se sometiera ciegamente a sus propias exigencias y propuestas.

Mientras este personaje dinamitaba la credibilidad de la oposición desde afuera, adentro Noemí luchaba por forjar el frente unido bajo la figura de la Alianza, protegiendo a la Tercera Fuerza de la trampa mortal de la Concertación.

III. El veneno en el oído

El ataque psicológico comenzó como una llovizna fina. Noemí fue electa coordinadora pro tempore de nuestra alianza, un cargo que debía darle autoridad, pero que la convirtió en el pararrayos de todas las tormentas.

Los representantes de la Segunda Fuerza, en las reuniones formales, aplicaron una táctica de ninguneo perverso. Ignoraban el bloque de Noemí y se dirigían a los pequeños partidos de manera individual. Pero el verdadero trabajo sucio ocurría fuera de la sala.

Por un lado, los falsos "asesores" internos y supuestos confidentes comenzaron a triangular información falsa para generar paranoia. A los aliados de Noemí les susurraban en los pasillos: *"Ella está negociando bajo la mesa con la Segunda Fuerza. Los va a vender a todos para asegurar su propio curul en la junta. Miren cómo acapara la atención"*. A Noemí, otros operadores le decían: *"Tus aliados están a punto de ceder y firmar la Concertación a tus espaldas. Te están usando de escudo. Tienes que atacar primero"*.

El objetivo era claro: obligar a los actores a reaccionar desde el miedo, la ira y la traición anticipada. Querían que Noemí, conocida por su carácter frontal, estallara, se volviera irracional y alienara a sus propios compañeros para dejar la vía libre a la Concertación.

Y para acelerar este colapso psicológico, entraba en acción la pinza externa de la operación: Jorge. Apenas terminaba una de estas tensas reuniones a puertas cerradas, este supuesto político —operando a la perfección como un sicario digital con miles de seguidores— comenzaba a disparar barbaridades contra ella en las redes sociales. Fiel a su estilo de destruir a quien no se sometía a sus designios, publicaba que Noemí boicoteaba la unidad ciudadana por puro ego y que era funcional a la corrupción. Lo más escalofriante y revelador del ataque era que la información que Jorge publicaba era tan específica, tan detallada, que solo podía provenir de alguien que estaba sentado en esa misma mesa de negociaciones junto a Noemí. La confabulación era total: el enemigo interno le pasaba la munición, y Jorge apretaba el gatillo desde afuera.

IV. La fractura emocional

El desgaste comenzó a cobrar un peaje devastador. Noemí, que al principio enfrentaba las reuniones con la cabeza alta y la mente clara, empezó a llegar a nuestra sede de campaña con los ojos inyectados en sangre y la mandíbula tensa. La paranoia se convirtió en nuestra compañera de fórmula. Revisaba su teléfono obsesivamente, buscando la próxima difamación. Empezó a dudar de su propio equipo, a medir las palabras frente a quienes antes consideraba amigos.

La manipulación emocional llegó a su clímax cuando el candidato a concejal mejor posicionado de nuestra propia alianza —aquel que por su peso debía estar al lado de Noemí defendiendo el blindaje de las listas— desapareció por completo. Sus asesores le habían inyectado el miedo: "Deja que Noemí se queme. Si te acercas, el sicario digital te atacará a ti. Mantente limpio".

Dejada sola en la trinchera, el golpe de gracia vino de su propio frente. Representantes de un partido miembro de nuestra alianza, intoxicados por las mentiras de los confidentes que les aseguraban que Noemí planeaba excluirlos, convocaron a la prensa. Con rostros llenos de una indignación fabricada, declararon públicamente que desconocían a Noemí como coordinadora.

Recuerdo la tarde de ese anuncio. Noemí se sentó en mi oficina, exhausta, mirando al vacío. La lideresa indomable estaba al borde del quiebre. Habían logrado que el conflicto se sintiera como un fracaso personal y absoluto. Las emociones nublaban su juicio estratégico; quería responder con furia. Estaba actuando exactamente como los titiriteros querían.

V. Desmitificando el círculo rojo

Ese fue el momento en el que, como consultor, tuve que cruzar la línea entre la estrategia y la intervención psicológica.

"Noemí, detente", le dije, poniendo una mano sobre los recortes de prensa y capturas de pantalla que llenaban mi escritorio. *Nada de esto es real.*

Tuve que trazarle el mapa de la conspiración para que pudiera ver los hilos. Le mostré cómo los operadores trabajaban en tándem: el ninguneo en la mesa, las filtraciones al sicario digital y el veneno de los confidentes internos. Todo era parte del mismo mecanismo para obligarla a entregar las listas de concejales.

—Están librando una guerra dentro de una burbuja —le expliqué—. Toda esta controversia, estas traiciones de pasillo y tuits furibundos... al ciudadano que se levanta a las cinco de la mañana a tomar el autobús no le importan. Todo esto existe única y exclusivamente dentro del 'círculo rojo'. Y está diseñado para destruirte la mente, no tus encuestas.

Los que decían ser de su equipo operaban internamente para distraerla. La querían atrapada en el laberinto del drama político interno para que dejara de caminar las calles, para que su energía, en lugar de conectar con el electorado, se consumiera intentando apagar fuegos artificiales.

Al comprender que no estaba fallando como líder, sino que estaba siendo sometida a una operación de asedio psicológico, algo cambió en su mirada. La ira descontrolada fue reemplazada por una frialdad calculada. El juego no había terminado, pero al menos, ahora ambos sabíamos a qué estábamos jugando.

VI. El consejo del abandono y la guillotina electoral

En los manuales tradicionales de manejo de crisis, cuando el terreno está minado y las reglas han sido secuestradas por el enemigo, la recomendación principal es la retirada táctica. Esa tarde, con los ecos de la traición de sus propios aliados aún resonando en la oficina, mi diagnóstico como consultor fue frío y directo.

—Noemí, tienes que levantarte de esa mesa —le dije, apagando la pantalla donde seguían multiplicándose los ataques del sicario digital—. Esa mesa no es un espacio de negociación, es un matadero diseñado para ti. Quieren que te desgastes, que te equivoques, que tu campaña se hunda en el fango del 'círculo rojo'. Si dejas de ir a las reuniones, sus operadores se quedan sin oxígeno. Tu campaña está en la calle, no en esa habitación llena de alacranes.

Desde una perspectiva de supervivencia política pura, era la única jugada lógica. Noemí tenía los votos independientes, tenía carisma y tenía una reputación intachable. Si se aislaba del drama de la coalición, aseguraría su escaño en la junta municipal sin problemas.

Pero Noemí no era una política de manual. Me miró en silencio durante unos largos segundos, procesando la geometría de la trampa en la que la habían metido. Comprendió perfectamente que sus supuestos confidentes la estaban manipulando y que la Segunda Fuerza quería verla rota. Sin embargo, su respuesta no fue la de una candidata buscando salvar su propio pellejo.

—Si me levanto de esa mesa, ellos ganan —respondió, con una calma que me heló la sangre—. Y si ellos ganan la pulseada interna, forzarán su Concertación o dividirán a la oposición. Si vamos divididos, el oficialismo se queda con la ciudad cinco años más. Yo no entré en esto solo para tener un curul y un salario en la junta municipal. Entré para que esta ciudad cambie.

VII. El reloj de arena y el ultimátum

Noemí se negó a orquestar un contraataque de difamaciones o a pagarles a sus propios mercenarios digitales. Su convicción iba más allá de la reivindicación personal. Entendió que la única forma de desarmar una conspiración psicológica era inyectarle una dosis letal de pragmatismo crudo.

El problema central de la oposición no era solo el ego de los líderes, sino una trampa letal en el código electoral: la guillotina de la inscripción.

En este país, las candidaturas son caminos de un solo sentido. Si un político se inscribe oficialmente como candidato a intendente (alcalde) y pierde las elecciones internas de su partido, se queda en la calle. La ley no permite que un candidato a intendente que se da cuenta de que los números no le dan, se "baje" a última hora para encabezar una lista de concejales. Una vez que firmas el papel para la intendencia, quemas tus naves.

Esto generaba un pánico paralizante. Había múltiples candidatos a intendente en la oposición —algunos de la Segunda Fuerza, otros de la Tercera— midiendo fuerzas, inflándose mutuamente el ego a través de asesores aduladores que les decían mentiras. Si todos llegaban al día de la inscripción ciegos y embriagados de soberbia, se inscribirían cuatro o cinco candidatos opositores a la intendencia. El voto del cambio se fracturaría y el partido oficialista, con su maquinaria intacta, ganaría caminando con una simple minoría mayoritaria.

Noemí decidió que iba a usar ese reloj de arena a su favor.

VIII. El regreso a la jaula de los leones

A la mañana siguiente, en contra de mi consejo como consultor de cuidar su salud mental y su imagen, Noemí volvió a la reunión de la "unidad".

El ambiente en la sala era denso. Los operadores de la Segunda Fuerza intercambiaron miradas de sorpresa; esperaban que, tras el linchamiento público y la traición de su propio bloque, ella no apareciera. Sus antiguos aliados, los que habían declarado a la prensa que no la reconocían, bajaron la mirada hacia sus teléfonos. El aire estaba cargado de esa tensión tóxica de quienes saben que han sido descubiertos, pero fingen demencia.

Noemí no se sentó a reclamar lealtades. No mencionó los tuits, ni las filtraciones, ni los puñales por la espalda. Ignoró por completo el teatro emocional que habían montado para destruirla. En su lugar, sacó una carpeta, la puso sobre la mesa y cambió las reglas del juego.

—El tiempo de las charlas de café se terminó —anunció, con una voz que cortó el murmullo de la sala—. No me importa quién se sienta en qué silla, ni qué bloque tiene más saliva.

Nuestras listas de concejales no se tocan, van por Alianza. Y si no unificamos la candidatura a la intendencia ahora, le estamos entregando la ciudad al oficialismo con moño y tarjeta.

Los representantes de la Segunda Fuerza intentaron interrumpirla con la retórica habitual sobre la "construcción de consensos a largo plazo", pero ella no los dejó.

—Propongo una medición inmediata y vinculante —continuó Noemí—. Una encuesta doble, ciega, financiada a partes iguales, o el método técnico que prefieran. Pero se hace ya. El que mida mejor será el único candidato a intendente de toda la oposición.

La sala quedó en un silencio sepulcral. Noemí acababa de tocar el nervio más sensible de todos los presentes. Pero no había terminado.

—Y aquí está la clave —sentenció, mirándolos uno por uno—. Esta medición tiene que hacerse antes de la fecha límite de inscripción de candidaturas. Así, el que gane va por la intendencia con el apoyo de todos, y los que pierdan... tienen tiempo de bajar sus candidaturas y postularse para los primeros lugares de la junta municipal. No pierden su capital político, no se quedan fuera del sistema, pero dejamos de dividir los votos de la gente que está rogando que nos unamos.

IX. El jaque mate a las sombras

Fue un movimiento maestro de presión política. Al poner sobre la mesa una salida lógica, matemática y, sobre todo, que garantizaba la supervivencia política de los perdedores (al permitirles ir por la concejalía), Noemí desnudó las verdaderas intenciones de todos en la habitación.

Si alguien se oponía a esta propuesta, ya no podría esconderse detrás del discurso de la "unidad". Quedaría expuesto ante la ciudadanía —y ante sus propios financistas— como el verdadero obstáculo, como alguien a quien le importaba más su proyecto personal o el sabotaje interno que ganar la intendencia.

Los asesores en las sombras, esos confidentes tóxicos que habían intentado manipularla a través del miedo y la desinformación, se quedaron sin guion. No podían argumentar en contra de una encuesta objetiva que salvaba a sus propios candidatos del suicidio político.

Noemí no había necesitado atacar a nadie. Simplemente, al negarse a jugar el papel de víctima y elevar el debate a la supervivencia institucional del frente opositor, demostró por qué era la candidata más peligrosa de la Tercera Fuerza: porque era la única dispuesta a poner la misión por encima de su propio ego.

X. El silencio que grita: cuando caen las máscaras

La propuesta de Noemí quedó flotando en el aire viciado de la sala de reuniones. Era una salida impecable, una hoja de ruta blindada por la lógica que garantizaba no solo la unidad de la oposición en el poder ejecutivo, sino la supervivencia de las carreras políticas de todos los presentes en el legislativo. Era, a los ojos de cualquier ciudadano común, la única jugada sensata para destronar al oficialismo.

Pero en esa habitación no había ciudadanos comunes; había operadores. Y la reacción no fue el alivio de haber encontrado una solución, sino un silencio tenso, espeso. Un silencio que, para un consultor político entrenado, gritaba más fuerte que cualquier discurso.

Los rostros de los líderes de la Segunda Fuerza —el partido tradicional de oposición— perdieron su habitual compostura institucional. Cruzaron miradas furtivas, buscaron en sus teléfonos las respuestas de sus verdaderos jefes, carraspearon. Ninguno se atrevió a tomar el micrófono para aceptar la medición vinculante.

Al poner sobre la mesa una salida puramente pragmática y orientada a ganar la ciudad, Noemí había encendido la luz en una habitación oscura. Y lo que iluminó no fue un equipo de aliados buscando salvar el municipio, sino un nido de intereses que nada tenían que ver con la intendencia.

La trampa quedó al descubierto. Los titiriteros habían perdido el control de los hilos.

XI. La ciudad como daño colateral

Fue en las horas posteriores a esa cumbre, en el análisis forense que hicimos en nuestra sede de campaña, donde terminamos de descifrar el verdadero misterio de esta novela de terror político.

Entendimos por qué los asesores y confidentes habían trabajado tan duro para manipular las emociones, por qué habían intentado quebrar a Noemí psicológicamente y por qué se negaban sistemáticamente a unificar fuerzas bajo una sola candidatura a intendente antes del cierre de listas.

La verdad era devastadora en su cinismo: a la Segunda Fuerza no le interesaba ganar la intendencia de la ciudad.

La ciudad, sus calles rotas, su administración decadente y la amenaza de una reelección del oficialismo habían pasado a un absoluto segundo plano. El verdadero objetivo de las maquinarias de la Segunda Fuerza era su propia guerra civil. Estaban inmersos en una brutal puja interna por el control total de su partido político; peleaban por la presidencia del directorio y los escaños de su comité central.

Las múltiples candidaturas a intendente que se negaban a bajar no eran proyectos para gobernar el municipio. Eran meras excusas, vehículos electorales diseñados exclusivamente para movilizar a sus respectivas facciones internas. Necesitaban mantener a sus candidatos en la carrera municipal —sin importar que esto dividiera el voto opositor— porque esa era la única forma de medir fuerzas, contar a sus tropas y asegurar el control de la estructura partidaria.

Para ellos, la elección municipal era solo una sesión de entrenamiento, un *sparring* con fuego real. Si en el proceso le entregaban la ciudad al partido oficialista en bandeja de plata, lo consideraban un simple "daño colateral". Un precio aceptable a pagar con tal de coronarse como los reyes de su propia montaña de cenizas.

XII. El abismo entre la casta y la calle

Esta revelación fue el golpe psicológico final, pero esta vez no solo para Noemí, sino para toda la base de activistas independientes que conformaban la Tercera Fuerza.

Para los ciudadanos que habían donado su tiempo, que caminaban los barrios bajo el sol, que se enfrentaban a las amenazas del oficialismo, la política era una herramienta para cambiar su realidad inmediata. Necesitaban desesperadamente construir una opción de cambio real. Veían cómo el oficialismo se preparaba para perpetuarse en el poder, afilando su maquinaria clientelar, y sabían que la única barrera entre su ciudad y cinco años más de lo mismo era una oposición unida.

Descubrir que sus supuestos "aliados mayores" estaban jugando a los dados con el futuro de la ciudad solo para renovar las autoridades de su club político privado generó una mezcla de asco y desilusión profunda.

Ahí cobró perfecto sentido toda la operación de desgaste contra Noemí. Ella, al exigir un solo candidato a intendente y al proteger sus listas de la carnicería de la Concertación, se había convertido en el mayor obstáculo para el ajedrez interno del partido tradicional. Los "asesores tóxicos" no querían volverla loca por envidia; querían neutralizarla porque su insistencia en ganar la ciudad arruinaba el negocio de ganar el partido.

La manipulación emocional a la que fue sometida —la traición de sus propios pares, los ataques del sicario digital, el aislamiento forzado— fue un intento desesperado de los operadores por sacarla del camino sin tener que admitir públicamente su inconfesable traición al electorado. Querían que Noemí renunciara a la mesa de diálogo por "motivos personales", para que ellos pudieran seguir dividiendo la oposición bajo la excusa de que "fue imposible lograr un consenso con los sectores independientes".

XIII. El punto de no retorno

Noemí se encontraba ahora en una encrucijada solitaria, sostenida solo por la convicción de su equipo de leales y por la fría realidad de los números. Había desenmascarado a los dueños del circo. Había demostrado que el rey estaba desnudo frente a todos.

La casta política tradicional había dejado claro que prefería ser dueña de una oposición derrotada, antes que compartir la victoria con líderes independientes incontrolables.

Ya no había espacio para la ingenuidad política ni para las negociaciones de buena fe. La línea se había trazado no entre diferentes partidos de la oposición, sino entre quienes usaban la elección como una cortina de humo para sus negocios internos, y quienes, como Noemí y la Tercera Fuerza, estaban verdaderamente dispuestos a ir a la guerra por el control de la ciudad.

XIV. La victoria táctica y el veredicto de la calle

Contra todo pronóstico, y contra toda la maquinaria de desgaste psicológico que habían desplegado, Noemí ganó la pulseada.

Su jugada había sido tan brillante como ineludible. Al exponer públicamente la ruta de la medición objetiva, acorraló a los caciques de la Segunda Fuerza. Negarse en ese momento frente a la prensa y a los activistas independientes habría sido una confesión explícita de que sus intenciones eran boicotear la unidad. A regañadientes, con sonrisas tensas y apretones de manos fríos, los líderes tradicionales claudicaron.

Se firmó el acuerdo. Se estableció formalmente la Alianza —blindando así las candidaturas legislativas de la Tercera Fuerza de la trituradora de las internas conjuntas que buscaba la Concertación— y se pactó la medición para elegir al candidato único a intendente.

El método elegido fue un operativo logístico y político sin precedentes, diseñado milimétricamente para blindar el proceso y no dejar margen a las dudas. La medición se ejecutó en una sola jornada de altísima tensión. Para garantizar un control absoluto y equitativo, los encuestadores no salieron solos; se conformaron cuadrillas plurales, integradas por representantes y veedores de todos los partidos en pugna. Estos grupos recorrieron los barrios casa por casa, llevando consigo una urna sellada para que cada uno de los más de 500 electores encuestados depositara su preferencia de forma secreta y directa, esquivando las miradas de los operadores de escritorio.

Por un breve instante, la calle le arrebató el control al círculo rojo. Parecía que el pragmatismo ciudadano había vencido a la mezquindad política. Noemí, exhausta pero validada, había logrado lo que en este país se considera un milagro: obligar a la casta a someterse a la voluntad popular de forma transparente antes de llegar a las urnas oficiales.

Al caer la tarde, la tensión contenida desembocó en un escrutinio histórico. No hubo cuartos oscuros ni sobres misteriosos entregados a puertas cerradas. El conteo de las papeletas extraídas de las urnas se realizó de manera pública, bajo la mirada escrutadora de los apoderados locales y, más importante aún, con la presencia de líderes de los partidos y movimientos a nivel nacional.

Cada voto cantado era un golpe a las intrigas de la cúpula. Los números fueron claros, matemáticamente irrebatibles. Uno de los candidatos opositores se impuso con un margen importante. Allí mismo, bajo las luces de la sala y frente a todos los actores políticos que habían empeñado su palabra, se proclamó al ganador. La oposición, finalmente, tenía su candidato único validado por la gente. El pacto dictaba que, a partir de esa proclamación pública, el resto de los competidores debía dar un paso al costado y sumar sus maquinarias para derrocar al oficialismo.

XV. El grito de los perdedores

Pero en la novela negra de la política, los finales felices son apenas el preludio de una nueva traición.

Fue aquí donde los "asesores" y confidentes tóxicos, aquellos mismos que habían intentado destruir la cordura de Noemí, jugaron su última y más destructiva carta. El candidato que perdió la encuesta pertenecía a una de las facciones más duras de la Segunda Fuerza. Para él, aceptar la derrota significaba no solo perder la oportunidad de ser intendente, sino ceder terreno en esa guerra civil interna por el control de su propio partido que habíamos descubierto semanas atrás.

La maquinaria de desinformación se encendió de nuevo, pero esta vez el objetivo no era Noemí, sino la realidad misma. Los asesores rodearon al candidato perdedor. Empezaron a susurrarle al oído lo que su ego herido necesitaba escuchar: *"La muestra estuvo amañada", "Los encuestadores fueron comprados", "Tú eres el verdadero líder, no puedes someterte a este engaño".*

Estos operadores, cuyos salarios e influencias dependían de que su candidato siguiera en carrera para disputar el poder interno del partido, no podían permitirse que él bajara su candidatura a la de un simple concejal. Necesitaban el caos.

Y entonces, ocurrió lo impensable. Apenas 24 horas después de haber mirado los resultados de una encuesta que él mismo había avalado, el candidato perdedor convocó a una conferencia de prensa. Con el rostro desencajado y rodeado de sus aduladores, pronunció la palabra mágica que destruye cualquier democracia:

—¡Fraude!

XVI. El contrato roto y el triunfo de las sombras

Sin presentar una sola prueba técnica, sin impugnar formalmente la metodología, el perdedor pateó el tablero. En un acto de cinismo absoluto, rompió unilateralmente el acuerdo de la Alianza que tanto había costado construir.

Desconoció los resultados, se desvinculó del compromiso de unidad y, en un desafío directo al clamor ciudadano, marchó a la sede de la justicia electoral para inscribir su candidatura a intendente para las elecciones internas de su partido.

El impacto psicológico de esta traición fue un sismo de grado ocho en las bases opositoras. Los ciudadanos independientes, que habían creído en el proceso de la encuesta, vieron cómo sus esperanzas de cambio eran secuestradas por el berrinche de un político que prefería ser el rey de un partido dividido antes que un soldado en una ciudad liberada.

XVII. Epílogo: Las cicatrices del círculo rojo

El oficialismo no tuvo que mover un solo dedo para asegurar su victoria; la oposición se había dinamitado a sí misma desde adentro. Con dos candidatos opositores fuertes dividiendo el voto en las elecciones generales, el continuismo tenía la reelección garantizada por simple mayoría.

Al final de esta cruenta campaña, sentados en la oficina mientras analizábamos los escombros de la contienda, Noemí y yo reflexionamos sobre lo vivido. Ella había sobrevivido al asesinato psicológico. Logró mantener su integridad, protegió los espacios de la Tercera Fuerza (logrando que no se tocaran a través de la Alianza) y aseguró su propio escaño como concejal. Demostró una resiliencia de hierro frente a la manipulación.

Pero la lección más oscura de esta anécdota, la que debe quedar grabada en las páginas de este libro para futuros consultores, es que en la política hay adversarios que no buscan ganar la guerra exterior. Hay actores manipulados por entornos tóxicos que están dispuestos a hundir el barco entero con tal de asegurarse de que ellos sean los que lleven el timón mientras se hunde.

La unidad ciudadana fue sacrificada en el altar del ego partidario. Y los asesores que orquestaron el desastre, aquellos que inventaron el fraude y envenenaron las mentes de sus propios líderes, simplemente cobraron sus cheques y pasaron a la siguiente campaña, dejando a la ciudad pagando el precio de sus ambiciones.

ES MOMENTO DE HACER SOSTENIBLE LA CREDIBILIDAD DIGITAL DE LAS CAMPAÑAS

Giovanni Berroa

¿Dónde están tus aliados digitales?

El entorno relacionado con el candidato será el primero que hablará bien o mal de ti en la campaña, pero de manera indirecta en muchos casos. Debemos usar a nuestro favor, potenciar al máximo todas las colaboraciones en lo digital, sabiendo también que no solo se trata de hacer participar; también debemos estar dispuestos a enseñar, guiar y relacionar la estrategia.

Busca conocidos, pero con credibilidad

Ten mucho cuidado con cada paso que das; que te mantengas cerca o lejos de ellos dependerá de tu evaluación o tu estrategia, por ejemplo: Un **aliado conocido por el electorado en política o influencer,** pero tiene denuncias familiares, ingresos de dudosa procedencia, lleva un liderazgo distinto que contradice al tuyo (otro arquetipo), reconocido por ideología distinta.

Mira bien a tu partido

En distintos países de la región sabemos que los candidatos y candidatas pueden cambiarse de partidos por las posibilidades que hay de ganar las elecciones; también suele pasar que sea por la facilidad de acceder a alguno con un buen cargo o simplemente decidieron cambiar por discrepancias. Comprendemos que todo puede suceder en una campaña con respecto a la coyuntura, así que tengamos en cuenta qué tan bien visto es el partido con el que postulas, si realmente el estar muy cercano te suma adeptos, partidarios, o si tú puedes llevar en positivo la candidatura con la imagen que tienes.

Grupo de personas y líderes sindicales

En este caso, el actor principal, la figura, quien realmente mostremos en digital, quien tenga que resaltar, debe ser quien convoque a más personas en las campañas, a los ciudadanos en gremios, donde la comuna es unida y sólida, donde siempre se vota en bloque. Aquí encontraremos que podemos recopilar bases de datos, pero es esencial ayudar a los líderes a que entiendan y aprendan esta parte digital en las campañas para que siempre esté presente la candidatura en la mente del elector.

Otras candidaturas

En este caso debemos detectar y mapear el potencial y la maquinaria que nos pueden brindar regidores, candidatos distritales, regionales, provinciales de acuerdo al nivel y tamaño en una elección, sabemos que fueron los elegidos (iluminados), pero tienes que también brindarle esa imagen política digital que les falta, con quienes no han participado antes y los que que ya tienen una maquinaria que puede complementarse con la nuestra, así que toca mejorar sus redes sociales y darles lineamientos digitales (presentación de contenidos, fotografía política, difusión de actividades, compartir publicaciones de acuerdo a la campaña o público al que desea llegar) y generar una comunicación entre tu campaña y compromiso con la de ellos.

Los medios tradicionales son importantes

Nos olvidamos de que la imagen en lo tradicional debe estar ligada a tu campaña digital; tenemos la radio y televisión, hacer que desde tus redes se pueda llegar a generar el interés. Agrego como experiencia en una de las campañas viralizar un contenido en TikTok que generó mucha controversia por el tema que se abordó y este hizo que a la candidata la inviten en entrevistas a distintos medios para respaldar su postura.

Activa al ciudadano y adeptos al 100 %

Dales las herramientas para fortalecer tus propuestas y que puedan acompañar y apoyar tu discurso y la bandera que defienden. Ellos necesitan un líder y ser parte de la opinión pública, "genera lovers". Tambiénguíalos y haz llegar tus presentaciones en los distintos medios, lugares en tierra donde te presentarás, equiparlos con banners de respaldo, memes y contenidos para redes sociales y otras plataformas de comunidad como WhatsApp o Telegram. Involucrarse en lo digital no es tarea fácil si no se tiene la ruta adecuada; puede que estés desperdiciando a tu electorado. Adáptalos al ecosistema digital y recuerda que la digitalización no solo funciona para los jóvenes.

La familia es importante

En el momento en que eres un personaje público, es inevitable separar a los parientes cercanos; estos te acompañarán a lo largo de tu camino en política. Ya habíamos hablado sobre lo importante que puede ser el esposo o esposa, los hijos, hermanos, personas que cumplen un rol en la vida del candidato; aprovechemos esto, pero en digital tengamos mucho cuidado con la sobreexposición o tener relacionados que no sumen y, por falta de experiencia o conocimiento, terminen perjudicando tu imagen política digital con comentarios o participaciones alejadas de tu línea discursiva. Además, como los conocidos deben tener credibilidad, sin situaciones negativas. Ayúdanos a participar y empoderarte junto con ellos.

Todos necesitaremos al equipo digital profesional si deseamos sostener la imagen en el tiempo

Así como un empresario desea que en un negocio se tenga mucha gente trabajando, además de eso, todos sean capacitados y tener profesionales que estén acordes a mantener la calidad y eficiencia, porque difícilmente toleraremos no llegar a los resultados, tengo algo de lo que todos hablan, pero no muchos hacen en las campañas políticas digitales: contratar personas especializadas en este campo. Usualmente tenemos al coordinador que hace de todo, al sobrino que hace lo que el candidato le pida o que tiene un poco de conocimiento en computación o sistemas; lo mencionó Joseph Napolitan antes de que nos imaginemos que existiría un mundo con redes sociales.

Te brindaré algunos puntos a tu favor con la participación de un equipo digital:

- El estratega y equipo digital tendrán compromiso, lealtad, proactividad.
- Te dirá las cosas que otros, por quedar bien contigo, no te contarán.
- Pueden participar activamente en estrategias de soporte, contención y contracampaña de acuerdo a las necesidades.
- Las cuentas que apoyan (soporte) no las usarán para atacar, como sucede con quienes no tienen conocimiento; (estas defenderán, compartirán publicaciones y harán llegar tu mensaje a distintos grupos).
- Nunca perderán el tiempo en atacar las plataformas de los otros candidatos, ni generar interacción a otros; así

minimizan el desgaste al equipo; además, otros pueden usarlo en tu contra.

- Estarán seguros de contestar en comentarios en contra del candidato, en comentarios positivos a la campaña, pero argumentando de manera adecuada con la mente y no con el corazón (la emotividad también se piensa).
- Siempre investigarán, siempre tendrán el Google Alert del candidato, partido o movimiento y estarán atentos a la coyuntura; debemos saber qué haces y qué hacen los otros candidatos.
- El candidato no lo sabe todo y el equipo es responsable de hacer que esté enterado.
- El conocimiento se compartirá a todas las demás líneas en la campaña, aliados y otros, todos los ya mencionados.
- Harán que se involucren a los cercanos a los que el candidato no puede llegar; las personas hacen más caso a los especialistas.
- Prestar atención a las recomendaciones de los demás equipos en territorio e involucrarse (no pasan de largo las ideas).
- El colaborador también tiene una imagen que cuidar; por lo tanto, realizará la labor con mucha cautela, pues le conviene que la campaña sea exitosa.
- Generará la estandarización en los procedimientos y lineamientos digitales.
- Se conseguirá retener a los adeptos y se pondrá todo el esfuerzo para hacer crecer los seguidores y *lovers* digitales y territoriales.
- Reconocen a quienes siguen a la candidata realmente con mediciones.

Lo más importante de tener un equipo digital con especialistas es el evitar el desgaste del candidato a lo largo de lo que será su campaña o camino en la política. Tenga en claro que para mantener una imagen política en digital hay mucho esfuerzo y mejor es estar seguros de cada paso que se da que tener que batallar en una crisis. "La popularidad debe crecer y no caer en el tiempo".

El candidato sí logra aprender de tu mano

En todo momento en la vida las personas aprendemos de lo bueno y lo malo; para ser un buen líder, confiado y confiable, debemos capacitarnos constantemente y estar preparados para todo. Resulta que en la comunicación política, en las campañas digitales, hay exigencias que nos hacen ver como si fuéramos nuevos en lo que ya sabemos por el simple hecho de no saber comunicar estratégicamente. Pensamos que lo tenemos todo cuando las campañas digitales están estructuradas, y la pregunta sería: ¿tenemos realmente preparado al candidato para que sea el rostro y pilar de nuestra campaña? El dolor de cabeza y la impotencia que genera la buena labor es cuando te echan a perder todo el trabajo realizado con un candidato que no corresponde a los lineamientos por ego o falta de actualización en las nuevas herramientas digitales. Lo positivo de esto es que sí podemos lograr, en el transcurso, pasar de un candidato con una baja aceptación a uno atractivo para las masas. Por esto, es básico que el candidato entienda la responsabilidad de saber comunicarse tanto en tierra y medios como en digital; los siguientes son algunos espacios en los que se estará en ojo público y tendrá que participar, generando un mayor rendimiento.

Streaming y cobertura

Cuidado con lo que pateas, abrazas, botas o recoges de la calle; todo es válido para ser bien visto o lo contrario. En este momento es donde más cercano debes verte, conocer cómo se desplaza la sombra digital de la campaña, porque el material en territorio debe ser óptimo para los contenidos en distintos formatos en redes sociales.

Entrevistas

Debes tener interiorizado todo lo que hablarás. Las entrevistas son como el juego de jalar una cuerda, donde quien entrevista o los demás participantes estarán de un lado tirando de la cuerda y tú del otro. Siempre usamos recursos para llevar a nuestro lado la conversación, sea con lo que defiendes o la mención constante de lo positivo de tus propuestas, además de dirigirte pensando siempre en el electorado. Este espacio también debe generar material óptimo para contenidos en cápsulas para tus plataformas digitales. Una recomendación sería reunirse con el estratega general, el media training y el estratega digital.

Lives

Puede ser un gran orador cuando habla directamente con las personas, pero ¿qué pasa si tienes que dirigirte a tu público encendiendo la cámara frente a tu computadora? Hay muchas personas que nunca lo han hecho, no saben que estos espacios son muy estructurados, tienen ruta y guion, temas específicos a los cuales tratar y dinámicas de interacción para tener acercamiento con el electorado de manera orgánica y generar en tiempo real un intercambio con el ciudadano. Actualmente, la comunicación no es unilateral; tienen que escucharte y ser escuchados y atendidos. Puede este ser un termómetro de las problemáticas, lo que quieren y cómo te perciben. Reúnete con los estrategas y te dará grandes resultados.

Atento a estas recomendaciones para mejorar tu imagen en redes sociales

1. Foto de perfil: Es lo primero que tus seguidores verán al visitar tu perfil. Asegúrate de elegir una foto de alta calidad que refleje tu personalidad y valores.
2. Utiliza una imagen de perfil coherente: Asegúrate de utilizar la misma imagen de perfil en todas tus redes sociales. De esta manera, los usuarios podrán reconocerse de manera fácil y rápida en todas las plataformas. Utiliza colores en tu prenda y fondos que te hagan destacar o que se identifiquen con tu imagen personal.
3. Nombre de usuario: Es importante elegir un nombre de usuario que sea fácil de recordar, representativo, único y coherente en todas tus redes sociales. Asimismo, asegúrate de que sea fácil de escribir y no contenga caracteres especiales que puedan dificultar su búsqueda. Utiliza un nombre de usuario coherente: Usar un mismo nombre de usuario para todas tus redes sociales. Tener en cuenta lo siguiente: a) Twitter no acepta punto (.) en el nombre de usuario. Ejemplo: juan.pablo; b) Facebook no acepta guion bajo (_) en el nombre de usuario. Ejemplo: juan_pablo; c) Instagram sí acepta punto (.) y guion bajo (_) en el nombre de usuario; d) recomendaciones: No usar puntos ni guion bajo. Ejemplo: giovanniberroao.
4. Descripción del perfil: Aprovecha la descripción del perfil para presentarte de forma clara y concisa. Incluye información relevante como tu cargo, trayectoria profesional y logros; no es necesario poner un testamento; si quieres hacerlo más llamativo, puedes usar los *hashtags.* Debes procurar poner los enlaces de tus otras redes sociales. También te invitamos a colocar la relación con politólogos digitales. Con 101 caracteres.

Cuida la ortografía y la gramática: Las publicaciones con errores de ortografía y gramática pueden dañar tu imagen en las redes sociales. Revisa tus publicaciones antes de publicarlas para asegurarte de que estén libres de errores.

5. Portadas: Las publicaciones frecuentes te ayudan a mantenerte conectado con tu comunidad; no solo pongas flores u otra foto tuya, puedes destacar a la gente que tienes en tu entorno, eventos, pero no olvides el *copy*. Con todo lo aprendido, sabemos que también nos ayudamos con arrobas, etiquetas, menciones, hashtags.
6. Privacidad: Actualmente, muchos ponemos en privado nuestras redes por seguridad; debemos entender que la red social tiene el nombre porque es un medio de socializar. En la actualidad, hay que manejar y saber manejar nuestras propias redes, y no se trata de llenarlas de información todos los días, pero sí tenerlas para que la gente que te conocerá tenga una buena percepción de tu persona.
7. Niega que tienes gente que no conoces: Mucha gente abrió sus redes sociales y no conocía cómo se manejaban; en la actualidad nos pasa y hasta tenemos miedo de abrirlas, o cuando tuvimos una y no la usamos, perdimos las contraseñas o las alineamos con números o correos que también se perdieron, pero no nos subestimemos. El hecho de tener una cuenta nueva sin seguidores o amigos no quiere decir que nunca los tendrás. Una buena opción es iniciar hoy y seguir con cuidado el proceso de tener una cuenta bien trabajada.
8. Fotos: Son buenos los *selfies,* pero se requiere una foto amigable para cualquier momento; ya los celulares tienen más calidad de lo que habíamos soñado. Una sesión es recomendable; puedes hacerlo con luz de día en caso de que no tengas iluminación. Busca un outfit que te identifique, con el que te sientas cómodo; recuerda que una

buena foto es una inversión que perdurará; piensa que también te servirá para trabajos profesionales. (conferencias, talleres, entrevistas, foros), en algún momento te lo pedirán y debes estar preparado.

9. Reseñas: Cuando inicias en la política, debemos saber que no solo tu vida profesional se resume en los títulos; tu experiencia y recorrido también deben ser destacados. Eso será un punto de inicio; muchos hemos participado en organizaciones, instituciones y también tenemos especialidad y cualidades; todo eso suma.
10. Aprende a dejar atrás: Renueva tus redes sociales y depura; así como las personas ven lo positivo, se les hará muy fácil descubrir y sacar el lado negativo a tus redes sociales. No buscamos ofrecer tener la vida, el presente y el pasado perfectos, pero cuando reestructuras, también debes saber que debes ser consecuente con lo que vas realizando.
11. Aumenta tu comunidad: La mejor forma es seguir a los relacionados con tu comunidad; cuando menos te des cuenta, ya no estarás siguiendo, tú serás el seguido. Terminarás teniendo una relación más cercana e intercambio de conocimiento.
12. Interactúa: puedes compartir publicaciones, pero también debes contestar comentarios, interactuar con otras publicaciones e historias.
13. Habla de los temas que te importan; pero más importante, habla de los temas que le interesan a tu comunidad.
14. Publica contenido identificado para cada red social: a) Twitter/LinkedIn: Texto-imagen; b) Facebook/Instagram: Imagen-Historias; c) TikTok/Instagram: Reels: Videos cortos; d) WhatsApp: Estados.
15. Sé original, disruptivo, conecta con las emociones de tu audiencia.

Que los candidatos tengan un chip de habilidades; si no las tienen, deben ir adecuándose e instruyendo.

Comunicativas: Busca un contacto interpersonal, habla adecuadamente sin excederse, es muy conciso, usa la comunicación no verbal, interioriza el discurso, siempre practica la oratoria y escribe o redacta con reglas.

Humanas: Muéstrate humilde, valiente, solidario, familiar, fraternal, paternal o maternal (no te retraigas) y sobre todo respetuoso (cortés).

Intelectuales: Va más allá del conocimiento académico; se trata de cuánto conozca la problemática de su electorado y de cómo conozca los números de su localidad.

Políticas: Debe convertirse en una persona carismática, elocuente, capaz de atraer, que capte situaciones en política de debate o intercambio, preste atención, tenga capacidad de negociación y, sobre todo, que se note que trabaja en equipo.

Para finalizar o querer seguir mejorando

¿Te preguntaste alguna vez si estás haciendo lo correcto para pedir el voto?, ¿estamos llegando a quienes queremos y cómo queremos?, ¿cuánta confianza generamos en la gente?, ¿estamos inspirando a las personas?, ¿somos un candidato más del montón? Hay muchas interrogantes; sabemos que para ganar una campaña hay factores que pueden inclinar la balanza a favor o en contra, pero debemos siempre cuidar cómo nos dirigimos a las personas, cómo queremos ser referentes y ser vistos. Perdamos el miedo de exponer alguna actividad positiva, ser cercanos hasta donde la seguridad personal lo permita y abrirnos camino a ser lo que los nuevos políticos y muchos antiguos fueron, **¡personas transparentes!**

Sobre el Directorio de **Politólogos Digitales,** reúne a tres profesionales destacados en estrategia digital y comunicación política en Latinoamérica. **Giovanni Berroa**, subdirector de la consultora, combina su experiencia en marketing, comunicación política y gestión de contenidos para liderar campañas galardonadas y coordinar equipos multidisciplinarios en toda Latinoamérica. **Héctor Venegas**, fundador y CEO, es politólogo con más de diez años impulsando campañas digitales exitosas en la región, reconocido por sus conferencias internacionales y ebooks premiados. **Estefanía Herrera,** estratega digital y creadora de contenidos, ha participado en campañas premiadas internacionalmente, es conferencista en la Cumbre Mundial de Comunicación Política y coautora de ebooks reconocidos, consolidando al directorio como un referente de innovación, creatividad y resultados en la consultoría política digital.

Anecdotario Político V
Historias de campaña
de AICODI

Primera edición: 2026

Diseño editorial: Galaxia Literaria,
servicios editoriales
www.galaxialiteraria.com

Impreso en mayo de 2026.
Impreso y hecho en México.
Printed and made in Mexico.

www.ingramcontent.com/pod-product-compliance
Lightning Source LLC
LaVergne TN
LVHW090527110826
845146LV00003B/1007